FINAL CATIFEA ROSIE COACERI

O colecție de 100 de delicii de lux de catifea roșie

Nadia Bîrsan

Material cu drepturi de autor ©2024

Toate drepturile rezervate

Nicio parte a acestei cărți nu poate fi utilizată sau transmisă sub nicio formă sau prin oorez mijloc fără acordul scris corespunzător al editorului și al proprietarului drepturilor de autor, cu excepția citatelor scurte utilizate într-o recenzie. Această carte nu trebuie considerată un substitut pentru sfaturi medicale, juridice sau alte sfaturi prdeesionale.

CUPRINS

CUPRINS 3
INTRODUCERE 6
COACERE LA MIC DEJUN... 7
   1. Tartele Pop cu proteine Catifea rosie 8
   2. Clatite de catifea rosie cu topping de kefir 11
   3. Boluri pentru Smoothie Catifea rosie 14
   4. Crepe de catifea roșie cu umplutură de brânză cremă 16
   5. Rulouri cu scorțișoară Catifea rosie 18
   6. Gogoși coapte Catifea rosie 21
   7. Clatite umflate Catifea rosie 23
   8. Catifea rosie Vafe cu brânză 25
   9. Toast franțuzesc Catifea rosie 27
   10. Catifea rosie Banana Pâine 29
   11. Catifea rosie Mochi Waffle 31
   12. Ouă murate de catifea roșie 33
   13. Catifea rosie Latkes 35
   14. Catifea rosie Hash 37
   15. Pizza cu ouă Catifea rosie 39
   16. Coacerea cu fulgi de ovăz Catifea rosie 41
   17. Batoane pentru mic dejun Catifea rosie 43
   18. Budincă de pâine de catifea roșie 45
   19. Pâine prăjită franceză de catifea roșie 47
   20. Coacerea de clătite Catifea rosie 49
   21. Scones de catifea roșie 51
   22. Biscuiți pentru mic dejun Catifea rosie 53
   23. Gogoși Catifea rosie 56
   24. Tort de catifea roșie gogoși cu glazură de brânză 58
   25. Brioșe de catifea roșie cu topping Streusel....................... 61
   26. Catifea rosie Banana Pâine 64
   27. Catifea rosie Prajituri cu ceai 66
   28. Clatite umplute Catifea rosie 68
   29. Brioșe Mochi cu căpșuni proaspete 71
   30. Briose Mochi Catifea rosie Nutella 73
   31. Clatite cu margarita cu capsuni 75
   32. Gogoși Godiva 78
APERITIVE ȘI GUSTĂRI 81
   33. Catifea rosie Bombs 82
   34. Batoane de dovleac Catifea rosie 84

35. Catifea rosie Fudge Protein Bars 86
36. Catifea rosie Puppy Chow 88
37. Mix de petrecere Catifea rosie 90
38. Bile de tort Catifea rosie 92
39. Cupe de fleac Catifea rosie 95
40. Catifea rosie Minge de brânză 97
41. Catifea rosie Prajitura cu branza Brownie Mușcături 99
42. Catifea rosie Orez Krispies 102
43. chipsuri de catifea roșie..104
44. Biscuiti Mototoli Catifea rosie 106
45. Catifea rosie Prajitura cu branza Vârtej Blondies 108
46. Plăcinte Whoopie Catifea rosie 110
47. Brownies-uri de catifea roșie 113
48. Batoane de biscuiți Catifea rosie 115
49. Biscuiți umpluți cu cremă de brânză Catifea rosie 117
50. Bomboane Catifea rosie 119
51. Catifea rosie Pull-Aparts 121
52. Scoarță de catifea rosie 123
53. Batoane Catifea rosie și Açaí Maqui Boabe 125
54. Catifea rosie Orez Krispies 127
55. Madeleine cu dulceață și nucă de cocos 129

DESERT 132

56. Biscuiți de catifea roșie umpluți cu brânză cremă 133
57. Găluște cu rubarbă 136
58. Tort Tres Leches Catifea rosie 139
59. Rulă de tort cu trestie de bomboane 142
60. Brioses cu piñata 145
61. Prăjituri de ciocolată cu căpșuni 148
62. Prăjitură cu biscuiți cu zahăr 150
63. Macarons cu trandafiri și zmeură 152
64. Brioses Catifea rosie 155
65. Tort cu gheață Catifea rosie 157
66. Sufleu de căpșuni 160
67. Tort Catifea rosie 162
68. Prajituri cu chipsuri de ciocolata Catifea rosie 165
69. Vafa cu înghețată Catifea rosie 168
70. Mini Prajitura cu branzas Catifea rosie 171
71. Briose cu cremă de brânză Catifea rosie............................174
72. Tarta Catifea rosie cu Zmeura 177
73. Sufleuri de catifea roșie 179
74. Biscuiți cu amprentă roșie de catifea umpluți cu ciocolată albă 182
75. Tort de cafea Catifea rosie 184
76. Catifea rosie Prajitura cu branza Mousse 186
77. Catifea rosie-Boabe Cobbler 188

78. Tort cu fructe Catifea rosie 190
79. Biscuit Catifea rosie 193
80. Macarons Catifea rosie 195
81. Éclairs de mentă 198
82. Plăcintă din șifon cu guava 201
83. Tort Bundt Catifea rosie 204
84. Plăcintă cu gheață Catifea rosie 206
85. Prajitura cu branza cu cireșe cu glazură roșie în oglindă 208
86. Tort cu sfeclă roșie 212
87. Gratin de sfeclă 214
88. Sufleu verde de sfeclă 216
89. Mousse de sfeclă roșie de catifea 218
90. Pâine cu nuci de sfeclă 220
91. Catifea rosie Ciocolată Zmeura Éclairs 222
92. Macarons cu zmeură și trandafir Lychee 225
93. Tort Brunch cu Rubarbă 229
94. Trufe Prajitura cu branza cu Zmeură 232
95. Prajitura cu brânză cu dovleac... 234
96. Brioses cu bomboane glazurate în oglindă roșie 236
97. Plăcinte Whoopie Catifea rosie 240
98. Budincă de pâine de catifea roșie cu sos Bourbon 242
99. Lamingtons cu zmeură 244
100. Macarons espresso cu scoarță de mentă 247

CONCLUZIE 251

INTRODUCERE

Răsfățați-vă în lumea decadentă a catifeii roșii cu „Final Catifea rosie Coace: A Colectie de 100 De lux Catifea rosie Tratează". Catifea roșie, cu culoarea sa bogată, textura catifelată și aroma irezistibilă, a captivat iubitorii de deserturi din întreaga lume. În această carte de bucate, vă invităm să explorați posibilitățile nesfârșite ale acestei arome iconice cu o colecție curată de 100 de rețete de lux de catifea roșie, care vă vor satisface cu siguranță pdetele de dulce și vă vor ridica repertoriul de copt.

De la prăjitura clasică de catifea roșie împodobită cu glazură cu cremă de brânză până la răsturnări inovatoare, cum ar fi brownies-uri cu brânză de catifea roșie și clătite de catifea roșie, fiecare rețetă din această carte de bucate este o sărbătoare a alurei indulgente a catifea roșie. Fie că plănuiești o ocazie specială, o adunare festivă sau pur și simplu îți dorești un răsfăț decadent, vei găsi inspirație și încântare în aceste pagini.

instrucțiuni clare , sfaturi utile și fotografii uimitoare, „Final Catifea rosie Coace" vă dă putere să recreați magia catifeiului roșu în propria bucătărie cu ușurință și încredere. Indiferent dacă ești un brutar experimentat sau un entuziast începător, aceste rețete sunt concepute pentru a impresiona și încânta, asigurându-se că fiecare mușcătură este un gust de lux pur.

Așadar, preîncălziți cuptorul, curățați-vă bolurile de mixat și pregătiți-vă să porniți într-o călătorie delicioasă prin lumea catifelei roșii. Indiferent dacă gătești pentru tine, pentru cei dragi sau pentru o ocazie specială, „Final Catifea rosie Coace" promite să-ți înalțe jocul de copt și să-ți lase pdeta de mai mult.

COACERE LA MIC DEJUN

1.Tartele Pop cu proteine Catifea rosie

INGREDIENTE:
- ¼ cană făină de ovăz
- 1½ linguriță pudră proteică de ciocolată
- 1 lingură pudră de unt de arahide
- 2 lingurite pudra de cacao neindulcita
- 3 linguri iaurt grecesc simplu degresat, rece
- ½ linguriță lichid colorant alimentar roșu

UMPLERE:
- 2 linguri iaurt grecesc simplu degresat
- 1 lingură pudră proteică de vanilie

GLAZURĂ:
- 1 lingură iaurt grecesc simplu fără grăsimi
- 1½ linguriță de înlocuitor de zahăr pudră 1:1 cu zero calorii sau obișnuit

INSTRUCȚIUNI:
a) Procesați făina de ovăz, pudra proteică, pudra de unt de arahide și pudra de cacao într-un robot de bucătărie.
b) Adăugați iaurt grecesc și colorant alimentar roșu și procesați pentru a forma o minge de aluat – aproximativ 15 secunde; opriți-vă imediat ce mingea se formează.
c) Rulați bila de aluat și apoi într-un dreptunghi (aproximativ 10"x4", ¼" grosime); folosiți bucăți de resturi în jurul marginilor pentru a face forma potrivită, dacă este necesar.
d) Tăiați în 2 jumătăți (5"x4" fiecare).

FACEȚI Umplutura:
e) Într-un castron, amestecați iaurtul grecesc și pudra de proteine de vanilie.

ASSAMLAȚI ȘI COACEȚI:
f) Luați un dreptunghi de aluat și întindeți umplutura în mijloc (lăsați aproximativ ½" de la margine).
g) Acoperiți cu celălalt dreptunghi și sigilați marginile cu o furculiță.
h) Puneți în coșul de friteuză cu aer și gătiți la 400 ° F timp de 7 minute.
i) (sau coaceți la 425°F timp de 8-9 minute, răsturnând la jumătate)
j) Se lasa sa se raceasca cateva minute.

GLAZURĂ:
k) Amestecați iaurtul și îndulcitorul într-un castron și întindeți-le peste tarta pop răcită.
l) Se presară pesmet de aluat, dacă există.

2.Clatite de catifea rosie cu topping de kefir

INGREDIENTE:
TOPING
- ½ cană de chefir simplu
- 2 linguri de zahar pudra

Clătite
- 1¾ cani de ovăz laminat de modă veche
- 3 linguri pudră de cacao
- 1½ linguriță de praf de copt
- 1 lingurita bicarbonat de sodiu
- ¼ lingurita sare
- 3 linguri sirop de artar
- 2 linguri ulei de cocos, topit
- 1½ cani de lapte cu continut redus de grasimi 2%.
- 1 ou mare
- 1 lingurita colorant alimentar rosu
- Așchii sau chipsuri de ciocolată, pentru servire

INSTRUCȚIUNI:
a) Pentru topping, adăugați ambele ingrediente într-un castron mic și amestecați până se combină. Pus deoparte.
b) Pentru clătite, adăugați toate articolele într-un blender de mare viteză și amestecați la maxim pentru a se lichefia. Asigurați-vă că totul este bine amestecat.
c) Lăsați aluatul să se odihnească timp de 5 până la 10 minute. Acest lucru permite ca toate ingredientele să se reunească și conferă aluatului o consistență mai bună.
d) Pulverizați o tigaie antiaderentă sau grătar cu ulei vegetal și încălziți la foc mediu.
e) Odată ce tigaia este fierbinte, adăugați aluatul folosind o cană de măsurare de ¼ de cană și turnați aluatul în tigaie pentru a face clătită. Utilizați cana de măsurare pentru a ajuta la modelarea clătitei.
f) Gătiți până când părțile laterale par întărite și se formează bule în mijloc, 3 minute, apoi întoarceți clătitele.
g) Odată ce clătitele sunt gătite pe acea parte, scoateți clătitele de pe foc și puneți-o pe o farfurie.
h) Continuați acești pași cu restul aluatului.
i) Stivuiți și serviți cu topping și fulgi de ciocolată.

3. Boluri pentru Smoothie Catifea rosie

INGREDIENTE:
- 1 sfeclă prăjită răcită
- 1 cană cireșe congelate
- 1 banana tocata si congelata
- ¼ cană lapte
- 3 linguri pudră de cacao
- 1 lingura miere
- Idei de topping: fructe/sfeclă în formă de inimă, banane, semințe, nuci, nucă de cocos

INSTRUCȚIUNI:
a) Combinați toate ingredientele într-un blender până la omogenizare, adăugând mai mult lapte și miere după cum este necesar pentru a obține o consistență și o dulceață pe placul dvs.
b) Acoperiți cu nuci/semințe, banane și cacao preferate.

4.Crepe de catifea roșie cu umplutură de brânză cremă

INGREDIENTE:
- 2 oua
- 1 cană lapte
- ½ cană apă
- ½ lingurita sare
- 3 linguri de unt, topit
- 1 lingurita zahar
- 1 lingurita extract de vanilie
- 1 cană de făină
- 1½ lingură pudră de cacao
- 5 picături de colorant alimentar roșu, opțional
- Umplutură/Brânză cremă

INSTRUCȚIUNI:
a) Combinați ouăle, laptele, apa, sarea, zahărul, vanilia și 3 linguri de unt topit într-un blender și pulsați până devine spumos, aproximativ 30 de secunde.
b) Adaugati faina si pudra de cacao si pulsati pana se omogenizeaza.
c) Adăugați colorantul alimentar în acest moment, dacă utilizați. Va trebui să faceți aluatul puțin mai strălucitor decât doriți să fie produsul final.
d) Dați aluatul la frigider pentru 30 de minute sau peste noapte.
e) Când sunteți gata să vă pregătiți crepurile, încălziți 1 lingură de unt într-o tigaie de crep sau altă tigaie de mică adâncime. Asigurați-vă că untul a acoperit întreaga suprafață a tăvii înainte de a adăuga ¼ de cană de aluat de crepon și de a se învârti pentru a acoperi suprafața tăvii.
f) Gătiți crepele timp de un minut, răsturnați cu grijă și apoi gătiți o altă parte timp de jumătate de minut.
g) Se ornează cu sos de ciocolată și umplutură cu cremă de brânză rămasă.

5.Rulouri cu scorțișoară Catifea rosie

INGREDIENTE:
PENTRU ROLULE DE SCORȚISOARĂ
- 4½ linguriţe drojdie uscată
- 2-½ căni de apă caldă
- 15,25 uncii Cutie de amestec pentru tort Catifea rosie
- 1 lingurita extract de vanilie
- 1 lingurita sare
- 5 căni de făină universală

PENTRU AMESTECUL DE ZAHAR SCORTIZOR
- 2 căni de zahăr brun la pachet
- 4 linguri scortisoara macinata
- ⅔ cană de unt înmuiat

PENTRU GLAURA DE BRÂNZĂ
- 16 uncii fiecare de cremă de brânză, înmuiată
- ½ cană de unt înmuiat
- 2 căni de zahăr pudră
- 1 lingurita extract de vanilie

INSTRUCȚIUNI:
a) Într-un castron mare, amestecați drojdia și apa până se dizolvă.
b) Adăugați amestecul de tort, vanilia, sare și făină. Se amestecă bine - aluatul va fi ușor lipicios.
c) Acoperiți strâns vasul cu folie de plastic. Lasam aluatul la crescut o ora. Tăiați aluatul și lăsați-l să crească din nou încă 45 de minute.
d) Pe o suprafață ușor înfăinată, rulați aluatul într-un dreptunghi mare de aproximativ ¼ inch grosime. Untul se întinde pe tot aluatul uniform.
e) Într-un castron mediu, combina zahărul brun și scorțișoara. Presărați amestecul de zahăr brun peste unt.
f) Se rostogolește ca un rulou, începând de pe marginea lungă. Tăiați în 24 de bucăți egale.
g) Ungeți două tavi de copt de 9 x 13 inci. Aranjați feliile de rulada de scorțișoară în tigăi. Se acopera si se lasa la crescut intr-un loc cald pana isi dubleaza volumul.
h) Preîncălziți cuptorul la 350°F.
i) Coaceți timp de 15-20 de minute sau până când este fiert.
j) În timp ce rulourile cu scorțișoară se coace, pregătiți glazura de brânză cremând crema de brânză și untul într-un castron mediu până devine cremoasă. Amestecați vanilia. Adăugați treptat zahărul pudră.

6.Gogoși coapte Catifea rosie

INGREDIENTE:
- 2 ¼ cani de faina
- 1 lingura praf de copt
- ½ lingurita sare
- ⅔ cană zahăr
- 1 ou
- 2 linguri ulei vegetal
- 2 linguri pudra de cacao
- 1 lingurita de vanilie
- ½ cană lapte cu conținut scăzut de grăsimi
- Pastă gel moale roșie
- Glazură

INSTRUCȚIUNI:
a) Preîncălziți cuptorul la 350 de grade.
b) Pulverizați o tavă pentru gogoși cu spray de gătit și puneți deoparte.
c) Într-un castron mediu combinați făina, praful de copt și sarea.
d) Se amestecă bine și se lasă deoparte.
e) Într-un castron mare amestecați zahărul, oul și uleiul vegetal.
f) Adăugați pudra de cacao și vanilia și amestecați bine.
g) Se amestecă încet laptele până se omogenizează bine.
h) Adăugați ingredientele uscate, aproximativ o jumătate de cană pe rând, amestecând bine după fiecare adăugare.
i) Adăugați câteva picături de colorant alimentar roșu și amestecați până când aluatul capătă culoarea dorită.
j) Puneți aluatul într-o pungă cu fermoar și sigilați.
k) Tăiați capătul și introduceți tava pentru gogoși, umplând fiecare ceașcă cu gogoși la ⅔ din plin.
l) Coaceți 12-15 minute, asigurându-vă că gogoșile nu se rumenesc.
m) Înmuiați vârfurile gogoșilor în glazură și stropiți cu inimioare sau stropi.

7.Clatite umflate Catifea rosie

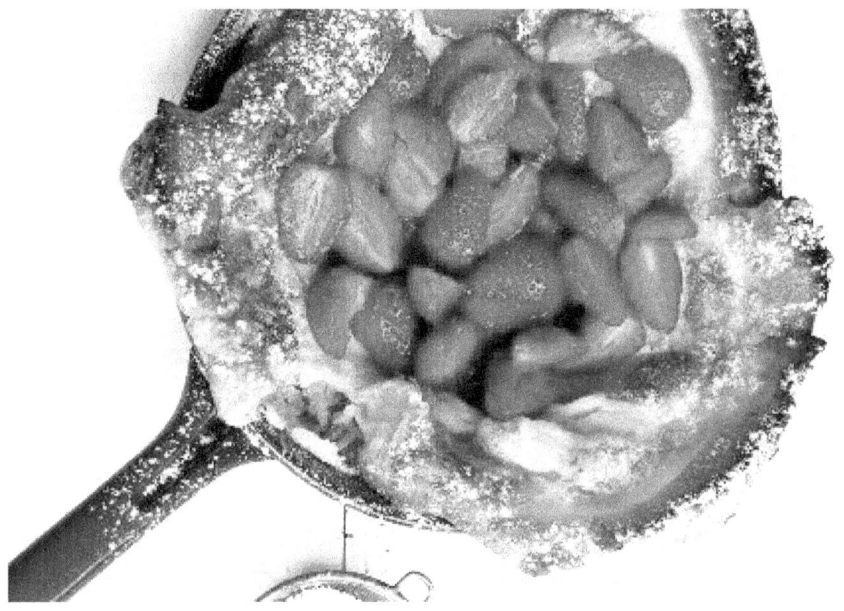

INGREDIENTE:
- 4 ouă mari
- 1 cană lapte
- ¾ cană + 2 linguri făină universală
- 2 linguri pudra de cacao
- ¼ cană zahăr granulat
- ¼ linguriță sare kosher
- 1 lingurita extract de vanilie
- 2 linguri de unt nesarat
- ½ linguriță colorant alimentar în gel roșu
- Spray de gatit
- Glazură

INSTRUCȚIUNI:
a) Preîncălziți cuptorul la 400 de grade F
b) Pune în blender ouăle, laptele, făina, pudra de cacao, zahărul, sarea și vanilia; se amestecă până se combină bine. Adăugați colorantul alimentar și amestecați timp de 30 de secunde.
c) Încingeți o tigaie de fontă de 10 inchi sau o tigaie antiaderentă la foc mediu-mare. Se adauga untul si se topeste. Turnați aluatul în tigaie. Pune tava la cuptor și coace până când se rumenește, se umflă și se gătește aproximativ 20-25 de minute.
d) În timp ce clătitele sunt la cuptor, faceți glazura cu cremă de brânză. Bateți crema de brânză și untul cu un mixer până se combină bine, 1-3 minute. Adăugați laptele și bateți pentru a se combina. Adăugați încet zahărul pudră și amestecați până se formează o glazură. Puteți adăuga mai mult lapte câte o linguriță, dacă este necesar, pentru a obține o consistență de turnare.
e) Tăiați clătitele în felii și serviți cu glazură de brânză cremă și fructe.

8.Catifea rosie Vafe cu brânză

INGREDIENTE:
- 1 ou
- 1 uncie cremă de brânză
- 2 linguri faina de cocos
- 1 lingură zară
- 2 lingurițe de îndulcitor fără zahăr
- ½ linguriță de praf de copt
- ½ linguriță pudră de cacao
- colorant alimentar roșu

INSTRUCȚIUNI:
a) Preîncălziți aparatul de vafe.
b) Se amestecă toate ingredientele. Adăugați câteva picături de colorant alimentar roșu pentru a obține nuanța dorită de roz sau roșu.
c) Turnați aproximativ ⅓ din aluatul de catifea roșie în aparatul de vafe dacă utilizați un mini aparat de vafe.
d) Închideți aparatul de vafe și lăsați să fiarbă 3-5 minute sau până când vafa devine maro aurie și se întărește.
e) Scoateți pleava din aparatul de vafe și serviți.

9. Toast franțuzesc Catifea rosie

INGREDIENTE:
- 8 felii de brioșă
- 3 ouă mari
- 1 cană jumătate și jumătate smântână 10%MF
- 2 linguri zahar granulat
- 1 lingura extract de vanilie
- 2 linguri pudra de cacao
- 2-3 linguri de colorant alimentar roșu
- ¼ linguriță sare
- 2-3 linguri de unt sau ulei, pentru prajit
- Glazură de brânză cremă

INSTRUCȚIUNI:

a) Preîncălziți cuptorul la 250F. Asezati feliile de brioche pe o tava si coaceti 15-20 de minute, sau pana se usuca usor. Răciți complet feliile. Bateți ouăle, smântâna, zahărul, vanilia, pudra de cacao, colorantul alimentar și sarea.

b) Se toarnă amestecul de ouă peste felii.

c) Întoarceți feliile la fiecare câteva minute și turnați amestecul peste ele până când aproape totul a fost absorbit. Aproximativ 10 minute.

d) Încinge o tigaie la foc mediu. Adăugați untul, apoi puneți feliile în tigaie. Gatiti 2-3 minute pe fiecare parte sau pana se rumenesc.

10.Catifea rosie Banana Pâine

INGREDIENTE:
- 1 cutie de amestec pentru tort Catifea rosie
- 3 ouă mari
- ⅓ cană ulei
- 1½ cani de banane piure, aproximativ 3 sau 4 banane
- 1 cană nuci pecan tocate

INSTRUCȚIUNI:

a) Preîncălziți cuptorul la 350ºF. Ungeți și făinați două forme de pâine.
b) Amestecă amestecul uscat de prăjitură, ouăle, uleiul, piureul de banane și nucile pecan tocate până se omogenizează bine. Turnați aluatul în tigăile pregătite.
c) Coaceți timp de 30 până la 35 de minute sau până când scobitoarea introdusă în centru iese curată.
d) Scoateți din cuptor pe grătarul de răcire timp de 10 minute înainte de a scoate din tavă.
e) Se răcește complet pe un grătar. Se presara cu zahar pudra daca se doreste.

11. Catifea rosie Mochi Waffle

INGREDIENTE:
- 1 ½ cană lapte
- 2 oua
- 2 linguri colorant alimentar rosu
- 1 lingurita extract de vanilie
- ½ linguriță de oțet alb distilat
- 2 ½ căni de făină mochiko
- ½ cană zahăr granulat
- 1 lingura praf de copt
- 1 lingura pudra de cacao
- ½ lingurita sare

INSTRUCȚIUNI:
a) Preîncălziți fierul de vafe.
b) Într-un castron mediu, adăugați ingredientele umede și amestecați până se combină bine. Pus deoparte.
c) Apoi, într-un castron mare, adăugați ingredientele uscate.
d) Bateți până se combină bine.
e) Adăugați ingredientele umede la cele uscate și amestecați până când se combină.
f) Pulverizați spray de gătit antiaderent pe suprafața aparatului de vafe. Turnați aluatul în aparatul de vafe și gătiți până se rumenește ușor.

12.Ouă murate de catifea roșie

INGREDIENTE:
- 6 ouă
- 1 cana otet alb
- Suc de la 1 cutie de sfeclă
- ¼ cană zahăr
- ½ lingură sare
- 2 catei de usturoi
- 1 lingură boabe de piper întreg
- 1 frunză de dafin

INSTRUCȚIUNI:
a) Preîncălziți baia de apă la 170 °F
b) Pune ouăle într-o pungă. Sigilați punga și puneți-o în baie. Gatiti 1 ora.
c) După 1 oră, puneți ouăle într-un vas cu apă rece pentru a se răci și curățați cu grijă. În punga în care ați gătit ouăle, combinați oțetul, sucul de sfeclă, zahărul, sarea, usturoiul și frunza de dafin.
d) Înlocuiți ouăle într-o pungă cu lichid de murat. Înlocuiți-l într-o baie de apă și gătiți încă o oră.
e) După 1 oră, mutați ouăle cu lichid de murat la frigider.
f) Lăsați să se răcească complet înainte de a mânca.

13. Catifea rosie Latkes

INGREDIENTE:
- 1 cană de sfeclă proaspătă tocată mărunt
- 2 linguri amidon de porumb
- 4 galbenusuri batute
- ½ linguriță de zahăr
- 3 linguri Smântână groasă sau lapte evaporat nediluat
- ½ linguriță nucșoară măcinată
- 1 lingurita Sare

INSTRUCȚIUNI:
a) Combinați toate ingredientele într-un bol de amestecare.
b) Se amestecă bine și se coace în formă de clătite pe o grătar fierbinte cu unt sau o tigaie grea.
c) Serviți cu marmeladă de fructe sau conserve.

14. Catifea rosie Hash

INGREDIENTE:
- 1 kg de sfeclă, curățată și tăiată cubulețe
- ½ liră de cartdei Yukon Gold, curățați și tăiați cubulețe
- Sare grunjoasă și piper negru proaspăt măcinat
- 2 linguri ulei de masline extravirgin
- 1 ceapa mica, taiata cubulete
- 2 linguri patrunjel proaspat tocat
- 4 ouă mari

INSTRUCȚIUNI:

a) Într-o tigaie cu laturi înalte, acoperiți sfecla și cartdeii cu apă și aduceți la fierbere. Se condimentează cu sare și se fierbe până se înmoaie, aproximativ 7 minute. Scurgeți și ștergeți tigaia.

b) Încinge uleiul într-o tigaie la foc mediu-înalt. Adăugați sfecla și cartdeii fierți și gătiți până când cartdeii încep să devină aurii aproximativ 4 minute. Reduceți focul la mediu, adăugați ceapa și gătiți, amestecând, până când se înmoaie, aproximativ 4 minute. Ajustați condimentul și amestecați pătrunjelul.

c) Faceți patru godeuri largi în haș. Spargeți un ou în fiecare și asezonați oul cu sare. Gătiți până când albușurile se întăresc, dar gălbenușurile sunt încă curgătoare 5 până la 6 minute.

15.Pizza cu ouă Catifea rosie

INGREDIENTE:
PENTRU CRASTĂ DE PIZZA:
- 1 cană de sfeclă fiartă și făcută piure
- ¾ cană făină de migdale
- ⅓ cană făină de orez brun
- ½ lingurita sare
- 2 lingurite praf de copt
- 1 lingura ulei de cocos
- 2 lingurite de rozmarin tocat
- 1 ou

TOppinguri:
- 3 ouă
- 2 felii de slănină fiartă mărunțite
- avocado
- brânză

INSTRUCȚIUNI:
a) Preîncălziți cuptorul la 375 de grade.
b) Amestecă toate ingredientele pentru crusta de pizza.
c) Coaceți timp de 5 minute.
d) Scoateți și faceți 3 „godeuri" mici folosind dosul unei linguri sau al unei forme de înghețată.
e) Pune cele 3 ouă în aceste „fântâni".
f) Coaceți 20 de minute.
g) Acoperiți cu brânză și bacon și coaceți încă 5 minute.
h) Adăugați mai mult rozmarin, brânză și avocado.

16. Coacerea cu fulgi de ovăz Catifea rosie

INGREDIENTE:
- 1 cană de ovăz rulat
- 1 cană de lapte (sau alternativă fără lapte)
- 1 banană coaptă, piure
- 1/4 cană pudră de cacao
- 1/4 cană miere sau sirop de arțar
- 1/4 cană iaurt grecesc
- 1 lingurita extract de vanilie
- 1/2 lingurita praf de copt
- 1/4 lingurita sare
- 1/4 cană chipsuri de ciocolată (opțional)
- Colorant alimentar roșu (după cum doriți)

INSTRUCȚIUNI:
a) Preîncălziți cuptorul la 350°F (175°C). Ungeți o tavă de copt.
b) Într-un castron, combinați ovăzul rulat, pudra de cacao, praful de copt și sarea.
c) Într-un alt castron, amestecați piureul de banane, laptele, mierea sau siropul de arțar, iaurtul grecesc și extractul de vanilie.
d) Turnați ingredientele umede în ingredientele uscate și amestecați până se omogenizează bine.
e) Adăugați colorant alimentar roșu până când obțineți culoarea dorită, amestecând bine.
f) Încorporați fulgi de ciocolată, dacă folosiți.
g) Turnați amestecul în vasul de copt pregătit și întindeți-l uniform.
h) Coaceți în cuptorul preîncălzit timp de 25-30 de minute sau până când se fixează.
i) Odată copt, se scoate din cuptor și se lasă să se răcească puțin înainte de servire. Bucurați-vă de fulgi de ovăz Catifea rosie!

17.Batoane pentru mic dejun Catifea rosie

INGREDIENTE:
- 1 1/2 cani de faina universala
- 1 cană de ovăz rulat
- 1/2 cană zahăr brun
- 1/4 cană pudră de cacao
- 1 lingurita praf de copt
- 1/2 lingurita sare
- 1/2 cana unt nesarat, topit
- 1/4 cană lapte (sau alternativă fără lapte)
- 1 lingurita extract de vanilie
- Colorant alimentar roșu (după cum doriți)
- 1/2 cană chipsuri de ciocolată (opțional)

INSTRUCȚIUNI:
a) Preîncălziți cuptorul la 350°F (175°C). Ungeți o tavă de copt sau tapetați-o cu hârtie de copt.
b) Într-un castron mare, combinați făina, ovăzul rulat, zahărul brun, pudra de cacao, praful de copt și sarea.
c) Adăugați untul topit, laptele și extractul de vanilie la ingredientele uscate. Se amestecă până se combină bine.
d) Adăugați colorant alimentar roșu până când obțineți culoarea dorită, amestecând bine.
e) Încorporați fulgi de ciocolată, dacă folosiți.
f) Apăsați amestecul în vasul de copt pregătit, răspândindu-l uniform.
g) Coacem in cuptorul preincalzit 20-25 de minute sau pana cand marginile devin maro auriu si o scobitoare introdusa in centru iese curata.
h) Odată copt, scoateți din cuptor și lăsați-l să se răcească complet înainte de a tăia în batoane. Bucurați-vă de batoanele de mic dejun Catifea rosie!

18. Budincă de pâine de catifea roșie

INGREDIENTE:
- 6 cesti de paine cuburi (cum ar fi paine frantuzeasca sau brioche)
- 2 căni de lapte (sau alternativă fără lapte)
- 4 ouă
- 1/2 cană zahăr granulat
- 1/4 cană pudră de cacao
- 1 lingurita extract de vanilie
- Colorant alimentar roșu (după cum doriți)
- 1/2 cană chipsuri de ciocolată (opțional)
- Zahăr pudră, pentru pudrat (opțional)
- Frisca, pentru servire (optional)

INSTRUCȚIUNI:
a) Preîncălziți cuptorul la 350°F (175°C). Ungeți o tavă de copt.
b) Într-un castron mare, amestecați laptele, ouăle, zahărul, pudra de cacao și extractul de vanilie.
c) Adăugați colorant alimentar roșu până când obțineți culoarea dorită, amestecând bine.
d) Încorporați fulgi de ciocolată, dacă folosiți.
e) Adăugați pâinea tăiată cubulețe în amestec, asigurându-vă că toată pâinea este acoperită uniform.
f) Transferați amestecul în vasul de copt pregătit, răspândindu-l uniform.
g) Coaceți în cuptorul preîncălzit timp de 30-35 de minute sau până când budinca de pâine este întărită și deasupra este aurie.
h) Odată copt, se scoate din cuptor și se lasă să se răcească puțin înainte de servire.
i) Pudrați cu zahăr pudră și serviți cu frișcă, dacă doriți. Bucurați-vă de budinca de pâine de catifea roșie!

19.Pâine prăjită franceză de catifea roșie

INGREDIENTE:
- 1 pâine franțuzească, feliată
- 4 ouă
- 1 cană de lapte (sau alternativă fără lapte)
- 1/4 cană zahăr granulat
- 1/4 cană pudră de cacao
- 1 lingurita extract de vanilie
- Colorant alimentar roșu (după cum doriți)
- Zahăr pudră, pentru pudrat (opțional)
- Sirop de artar, pentru servire

INSTRUCȚIUNI:
a) Preîncălziți cuptorul la 350°F (175°C). Ungeți o tavă de copt.
b) Aranjați pâinea franțuzească feliată în vasul de copt pregătit.
c) Într-un castron, amestecați ouăle, laptele, zahărul, pudra de cacao și extractul de vanilie până se combină bine.
d) Adăugați colorant alimentar roșu până când obțineți culoarea dorită, amestecând bine.
e) Turnați amestecul de ouă peste feliile de pâine, asigurându-vă că toată pâinea este acoperită uniform.
f) Acoperiți vasul de copt cu folie și lăsați-l să stea la frigider pentru cel puțin 30 de minute sau peste noapte.
g) Odată gata de coacere, îndepărtați folia și coaceți în cuptorul preîncălzit timp de 25-30 de minute sau până când pâinea prăjită este întărită și aurie.
h) Odată copt, se scoate din cuptor și se lasă să se răcească puțin înainte de servire.
i) Pudrați cu zahăr pudră și serviți cu sirop de artar. Bucurați-vă de pâine prăjită franceză la cuptor cu catifea roșie!

20. Coacerea de clătite Catifea rosie

INGREDIENTE:
- 2 căni de făină universală
- 1/4 cană pudră de cacao
- 1/4 cană zahăr granulat
- 2 lingurite praf de copt
- 1/2 lingurita de bicarbonat de sodiu
- 1/2 lingurita sare
- 2 căni de zară
- 2 oua
- 1/4 cana unt nesarat, topit
- 1 lingurita extract de vanilie
- Colorant alimentar roșu (după cum doriți)
- 1/2 cană chipsuri de ciocolată (opțional)

INSTRUCȚIUNI:

a) Preîncălziți cuptorul la 350°F (175°C). Ungeți o tavă de copt de 9 x 13 inci.
b) Într-un castron mare, combinați făina universală, pudra de cacao, zahărul granulat, praful de copt, bicarbonatul de sodiu și sarea. Amesteca bine.
c) Într-un alt castron, amestecați zara, ouăle, untul nesărat topit, extractul de vanilie și colorantul alimentar roșu până se combină bine.
d) Turnați ingredientele umede în ingredientele uscate și amestecați până se omogenizează. Aveți grijă să nu amestecați în exces; câteva bulgări sunt în regulă. Dacă doriți, adăugați fulgii de ciocolată.
e) Turnați aluatul în tava de copt pregătită și întindeți-l uniform.
f) Coacem in cuptorul preincalzit 20-25 de minute, sau pana cand o scobitoare introdusa in centru iese curata.
g) Odată copt, scoateți din cuptor și lăsați-l să se răcească câteva minute înainte de a feli și servi.
h) Serviți cald cu toppingurile preferate, cum ar fi sirop de arțar, frișcă sau fructe de pădure proaspete.

21.Scones de catifea rosie

INGREDIENTE:
- 2 căni de făină universală
- 1/2 cană zahăr granulat
- 1 lingura pudra de cacao
- 1 lingura praf de copt
- 1/2 lingurita sare
- 1/2 cana unt nesarat, rece si taiat cubulete
- 1/2 cană zară
- 1 lingura colorant alimentar rosu
- 1 lingurita extract de vanilie
- 1/2 cană chipsuri de ciocolată albă

INSTRUCȚIUNI:
a) Preîncălziți cuptorul la 400 ° F (200 ° C) și tapetați o tavă de copt cu hârtie de copt.
b) Într-un castron mare, amestecați împreună făina, zahărul, pudra de cacao, praful de copt și sarea.
c) Tăiați în unt rece folosind un tăietor de patiserie sau o furculiță până când amestecul seamănă cu firimituri grosiere.
d) Într-un castron separat, amestecați zara, colorantul alimentar roșu și extractul de vanilie. Turnați ingredientele umede în ingredientele uscate și amestecați până se omogenizează.
e) Incorporati usor chipsurile de ciocolata alba.
f) Întoarceți aluatul pe o suprafață tapetă cu făină și frământați-l ușor de câteva ori. Pat aluatul într-un cerc de aproximativ 1 inch grosime.
g) Tăiați cercul în 8 felii și transferați-le în foaia de copt pregătită.
h) Coaceți timp de 15-18 minute sau până când scones sunt ușor aurii. Se lasă să se răcească pe tava de copt câteva minute înainte de a se transfera pe un grătar pentru a se răci complet. Bucurați-vă de scones de catifea roșie cu o ceașcă de ceai sau cafea!

22.Biscuiti pentru mic dejun Catifea rosie

INGREDIENTE:
- 1 1/2 cani de faina universala
- 1/4 cană pudră de cacao neîndulcită
- 1 lingurita praf de copt
- 1/4 lingurita bicarbonat de sodiu
- 1/4 lingurita sare
- 1/2 cană unt nesărat, înmuiat
- 1/2 cană zahăr granulat
- 1/2 cană zahăr brun la pachet
- 1 ou mare
- 1 lingurita extract de vanilie
- 1 lingura colorant alimentar rosu
- 1/2 cană chipsuri de ciocolată albă

INSTRUCȚIUNI:

a) Preîncălziți cuptorul la 350°F (175°C). Tapetați o foaie de copt cu hârtie de copt.
b) Într-un castron mediu, amestecați făina universală, pudra de cacao, praful de copt, bicarbonatul de sodiu și sarea. Pus deoparte.
c) Într-un castron mare, cremă împreună untul nesărat înmuiat, zahărul granulat și zahărul brun până devine ușor și pufos.
d) Bateți oul, extractul de vanilie și colorantul alimentar roșu până se combină bine.
e) Adăugați treptat ingredientele uscate la ingredientele umede și amestecați până se omogenizează.
f) Încorporați fulgii de ciocolată albă până se distribuie uniform în aluat.
g) Folosind o lingură de prăjituri sau o lingură, aruncați linguri rotunjite de aluat pe foaia de copt pregătită, distanțați-le la aproximativ 2 inci.
h) Aplatizați ușor fiecare minge de aluat de fursecuri cu dosul unei linguri sau cu vârful degetelor.
i) Coaceți în cuptorul preîncălzit timp de 10-12 minute, sau până când marginile sunt întărite și centrele sunt ușor moi.
j) Scoateți din cuptor și lăsați fursecurile să se răcească pe tava de copt timp de 5 minute înainte de a le transfera pe un grătar pentru a se răci complet.
k) Odată răcit, serviți și bucurați-vă de delicioaselе tale prăjituri de mic dejun Catifea rosie!

23.Gogoși Catifea rosie

INGREDIENTE:
- 2 căni de făină universală
- 1/2 cană pudră de cacao neîndulcită
- 1 1/2 linguriță praf de copt
- 1/2 lingurita de bicarbonat de sodiu
- 1/2 lingurita sare
- 3/4 cană zahăr granulat
- 2 ouă mari
- 1 lingurita extract de vanilie
- 1 lingura colorant alimentar rosu
- 1 cană de zară
- 1/4 cana unt nesarat, topit

PENTRU GLAZURI:
- 1 1/2 cani de zahar pudra
- 3-4 linguri lapte
- 1/2 lingurita extract de vanilie

INSTRUCȚIUNI:
a) Preîncălziți cuptorul la 350°F (175°C) și ungeți o tavă pentru gogoși.
b) Într-un castron, amestecați făina, pudra de cacao, praful de copt, bicarbonatul de sodiu și sarea.
c) Într-un alt castron, bateți zahărul, ouăle, extractul de vanilie și colorantul alimentar roșu până se combină bine. Se amestecă zara și untul topit.
d) Adăugați treptat ingredientele uscate la amestecul umed, amestecând până când se combină.
e) Turnați aluatul în tava pentru gogoși pregătită, umplând fiecare cavitate cu aproximativ 2/3.
f) Coacem 10-12 minute sau pana cand o scobitoare introdusa in centru iese curata. Lasă gogoșile să se răcească în tavă câteva minute înainte de a le transfera pe un grătar pentru a se răci complet.
g) Pentru a face glazura, amestecați zahărul pudră, laptele și extractul de vanilie până la omogenizare.
h) Înmuiați gogoșile răcite în glazură, apoi puneți-le înapoi pe grătar pentru a se întări.

24. Tort de catifea roșie gogoși cu glazură de brânză

INGREDIENTE:
PENTRU gogoși:
- 1 1/4 cani de faina universala
- 1/4 cană pudră de cacao neîndulcită
- 1 lingurita praf de copt
- 1/2 lingurita de bicarbonat de sodiu
- 1/4 lingurita sare
- 1/2 cană zahăr granulat
- 1/2 cană zară
- 1 ou mare
- 2 linguri de unt nesarat, topit
- 1 lingurita extract de vanilie
- 1 lingura colorant alimentar rosu

PENTRU GLAZURI:
- 4 oz cremă de brânză, înmuiată
- 1 cană de zahăr pudră
- 1-2 linguri de lapte
- 1/2 lingurita extract de vanilie

INSTRUCȚIUNI:
a) Preîncălziți cuptorul la 350°F (175°C) și ungeți o tavă pentru gogoși.
b) Într-un castron mare, amestecați făina, pudra de cacao, praful de copt, bicarbonatul de sodiu, sarea și zahărul granulat.
c) Într-un alt castron, amestecați zara, oul, untul topit, extractul de vanilie și colorantul alimentar roșu.
d) Turnați ingredientele umede în ingredientele uscate și amestecați până se omogenizează.
e) Turnați aluatul în tava pentru gogoși pregătită, umplând fiecare cavitate cu aproximativ 2/3.
f) Coaceți 10-12 minute sau până când o scobitoare introdusă în gogoși iese curată.
g) Lasă gogoșile să se răcească în tavă câteva minute înainte de a le transfera pe un grătar pentru a se răci complet.
h) Pentru a face glazura, bateți crema de brânză, zahărul pudră, laptele și extractul de vanilie până se omogenizează.
i) Înmuiați gogoșile răcite în glazură, apoi puneți-le înapoi pe grătar pentru a se întări.

25. Brioșe de catifea roșie cu topping Streusel

INGREDIENTE:
- 1 1/2 cani de faina universala
- 1/2 cană zahăr granulat
- 2 linguri pudra de cacao neindulcita
- 1 lingurita praf de copt
- 1/2 lingurita de bicarbonat de sodiu
- 1/4 lingurita sare
- 1 ou mare
- 3/4 cană zară
- 1/3 cană ulei vegetal
- 1 lingurita extract de vanilie
- 1 lingura colorant alimentar rosu
- 1/2 cană nuci sau nuci tocate (opțional)

PENTRU GARNIREA STREUSEL:
- 1/4 cană făină universală
- 1/4 cană zahăr granulat
- 2 linguri de unt nesarat, rece

INSTRUCȚIUNI:

a) Preîncălziți cuptorul la 375°F (190°C). Tapetați o formă de brioșe cu folii de hârtie sau ungeți paharele.
b) Într-un castron mare, amestecați făina, zahărul, pudra de cacao, praful de copt, bicarbonatul de sodiu și sarea.
c) Într-un alt castron, bate oul, zara, uleiul vegetal, extractul de vanilie și colorantul alimentar roșu până se combină bine.
d) Turnați ingredientele umede în ingredientele uscate și amestecați până se omogenizează. Îndoiți nucile tocate dacă folosiți.
e) Umpleți fiecare ceașcă de brioșe cu aluatul la aproximativ 2/3.
f) Într-un castron mic, combinați făina și zahărul pentru toppingul pentru streusel. Tăiați untul rece până când amestecul seamănă cu firimituri grosiere.
g) Presărați toppingul de streusel peste aluatul de brioșe din fiecare ceașcă.
h) Coacem 18-20 de minute sau pana cand o scobitoare introdusa in centru iese curata.
i) Lăsați brioșele să se răcească în tavă câteva minute înainte de a le transfera pe un grătar pentru a se răci complet.

26.Catifea rosie Banana Pâine

INGREDIENTE:
- 2 banane coapte, piure
- 1/2 cana unt nesarat, topit
- 3/4 cană zahăr granulat
- 1 ou mare
- 1 lingurita extract de vanilie
- 1 1/2 cani de faina universala
- 1/4 cană pudră de cacao neîndulcită
- 1 lingurita de bicarbonat de sodiu
- 1/4 lingurita sare
- 1/2 cană zară
- 1 lingura colorant alimentar rosu
- 1/2 cana chipsuri de ciocolata alba (optional)

INSTRUCȚIUNI:
a) Preîncălziți cuptorul la 350°F (175°C). Ungeți o tavă de 9 x 5 inci.
b) Într-un castron mare, combinați piureul de banane, untul topit, zahărul, ouăle și extractul de vanilie.
c) Într-un alt castron, amestecați făina, pudra de cacao, bicarbonatul de sodiu și sarea.
d) Adăugați treptat ingredientele uscate la ingredientele umede, alternând cu laptele de unt și amestecând pană se omogenizează.
e) Amestecați colorantul alimentar roșu până când aluatul ajunge la nuanța dorită de roșu.
f) Încorporați fulgi de ciocolată albă dacă folosiți.
g) Se toarnă aluatul în tava pregătită și se netezește blatul cu o spatulă.
h) Coaceți 50-60 de minute, sau până când o scobitoare introdusă în centru iese curată.
i) Lăsați pâinea să se răcească în tavă timp de 10 minute înainte de a o transfera pe un grătar pentru a se răci complet.

27. Catifea rosie Prajituri cu ceai

INGREDIENTE:
- ¼ cană unt
- 1 cană de zahăr
- 1 cană de lapte
- 2 oua
- 2 cani de faina
- 3 lingurițe Praf de copt
- 1 praf de sare
- 3 picături de colorant alimentar roșu
- 1¼ linguriță extract de lămâie

INSTRUCȚIUNI:
a) Ingredientele cremă împreună.
b) Preîncălziți cuptorul la 375 de grade.
c) Coaceți într-o tavă de briose timp de 20 de minute.

28.Clatite umplute Catifea rosie

INGREDIENTE:
PENTRU ALUATUL DE CLATITE:
- 1 ½ cană de făină universală
- 2 linguri pudra de cacao neindulcita
- 1 lingurita praf de copt
- ½ lingurita de bicarbonat de sodiu
- ¼ lingurita sare
- 2 linguri de zahar granulat
- 1 cană de zară
- ½ cană lapte integral
- 2 ouă mari
- 2 linguri de unt nesarat, topit
- 1 lingurita extract de vanilie
- Colorant alimentar roșu (după caz)

PENTRU Umplutura cu crema de branza:
- 4 uncii de brânză cremă, înmuiată
- ¼ cană zahăr pudră
- ½ linguriță extract de vanilie

INSTRUCȚIUNI:
PREGĂTIȚI ALUATUL DE CLATITE:
a) Într-un castron mare, cerne împreună făina, pudra de cacao, praful de copt, bicarbonatul de sodiu, sarea și zahărul granulat.
b) Într-un alt castron, amestecați zara, laptele integral, ouăle, untul topit, extractul de vanilie și colorantul alimentar roșu până se combină bine.
c) Turnați ingredientele umede în ingredientele uscate și amestecați până se omogenizează. Aveți grijă să nu amestecați în exces. Aluatul trebuie să fie neted și ușor gros.

PREGĂTIȚI Umplutura cu cremă de brânză:
d) Într-un castron separat, bate crema de brânză înmuiată, zahărul pudră și extractul de vanilie până când devine omogen și cremos. Pus deoparte.

GĂTIREA CLATITELOR:
e) Se încălzește o tigaie antiaderentă sau un grătar la foc mediu și se unge ușor cu unt sau spray de gătit.
f) Turnați aproximativ ¼ de cană de aluat de clătite în tigaie pentru fiecare clătită.
g) Pune o lingură de umplutură cu cremă de brânză în centrul fiecărei clătite.
h) Acoperiți umplutura cu cremă de brânză cu puțin aluat de clătite pentru a o etanșa înăuntru.
i) Gatiti pana se formeaza bule la suprafata clatitelor si marginile incep sa se intareasca, apoi intoarceti si gatiti inca 1-2 minute pana se rumenesc pe ambele parti.
j) Servește clătitele umplute Catifea rosie calde.
k) Opțional, acoperiți cu frișcă, așchii de ciocolată sau un strop de sirop de arțar înainte de servire.

29.Brioșe Mochi cu căpșuni proaspete

INGREDIENTE:
- 2 oua
- 1 cană oorez lapte
- ⅓ până la ½ cană de lapte condensat
- Opțional, adăugați o linguriță sau două de zahăr granulat pentru o dulceață suplimentară
- O picătură de gel colorant alimentar roșu (opțional, pentru un tratament mai roz)
- 1 lingurita miso sau un praf mare de sare
- 2 linguri de oorez ulei neutru sau unt nesarat topit
- O mână de căpșuni proaspete (plus 2 tăiate cubulețe)
- 228 g făină de orez lipicioasă (Mochiko)
- 1 lingurita praf de copt
- Strop de extract de vanilie (opțional)

INSTRUCȚIUNI:
a) Preîncălziți cuptorul la 350 ° F cu un gratar în centru. Ungeți sau tapetați o tavă de brioșe de 12 căni cu căptușeală pentru brioșe sau briose.
b) Într-un blender, combină toate ingredientele umede din partea de jos: ouă, lapte, lapte condensat, zahăr (dacă folosești), gel colorant alimentar roșu (dacă folosești), miso sau sare, ulei sau unt topit, căpșuni proaspete, căpșuni tăiate cubulețe, făină de orez lipicioasă, praf de copt și extract de vanilie (dacă se utilizează).
c) Mixați până obțineți un aluat omogen, fluid, dar gros.
d) Turnați aluatul în tava pentru brioșe și coaceți cel puțin 40 de minute sau până când o scobitoare introdusă sau o frigărui de bambus iese curată. Un mic reziduu lipicios este acceptabil. Reduceți temperatura cuptorului după aproximativ 15 minute pentru a preveni crăparea blatului.
e) Lăsați brioșele să se stabilească în tigaia fierbinte câteva minute, apoi răciți complet la temperatura camerei pe un grătar.
f) Pudrați cu zahăr de cdeetă, adăugați căpșuni proaspăt tăiate cubulețe sau stropiți cu mai mult lapte condensat înainte de servire.
g) Serviți și savurați.

30.Briose Mochi Catifea rosie Nutella

INGREDIENTE:
- 1 cană făină de orez lipicioasă (mochiko)
- ½ cană pudră de cacao
- ½ cană zahăr
- 1 lingurita praf de copt
- ¼ lingurita sare
- 2 ouă mari
- 1 cană de zară
- ¼ cană unt nesărat, topit
- 1 lingurita extract de vanilie
- 2 linguri colorant alimentar rosu
- Nutella pentru umplutură

INSTRUCȚIUNI:
a) Preîncălziți cuptorul la 350°F (175°C). Ungeți o formă de brioșe sau tapetați cu folii de hârtie.
b) Într-un castron mare, amestecați făina de orez glutinos, pudra de cacao, zahărul, praful de copt și sarea.
c) Într-un castron separat, bateți ouăle, apoi adăugați zara, untul topit, extractul de vanilie și colorantul alimentar roșu. Amesteca bine.
d) Adăugați treptat ingredientele umede la ingredientele uscate, amestecând până se combină.
e) Pune o cantitate mică de aluat în fiecare ceașcă de brioșe, creând un strat subțire în partea de jos.
f) Adăugați o cupă mică de Nutella în centrul fiecărei cești.
g) Acoperiți Nutella cu mai mult aluat până când fiecare ceașcă este plină la aproximativ ¾.
h) Coacem in cuptorul preincalzit 15-20 de minute sau pana cand o scobitoare introdusa in centru iese curata.
i) Lăsați brioșele să se răcească în tavă timp de 10 minute, apoi transferați pe un grătar pentru a se răci complet.
j) Odată răcit, muscă delicioasele brioșe Catifea rosie Nutella Mochi și bucură-te de fuziunea încântătoare a aromelor!

31.Clatite cu margarita cu capsuni

INGREDIENTE:
- 2 căni de făină auto-crescătoare
- 1/2 cană zahăr alb granulat
- 1/4 cană lapte
- 1/3 cană ulei vegetal
- 3 oua
- 2 linguri colorant alimentar roșu
- 2 linguri extract pur de căpșuni
- 1 lingurita extract de vanilie
- 1 cană de tequila argintie
- 1 litru de căpșuni, clătite și tăiate felii
- Frisca, pentru decor
- Zahăr roz stropite, pentru decor
- Zeste de 1 lime, pentru ornat
- Sirop de lime, urmeaza reteta

SIROP DE LIMĂ:
- 6 linguri suc de lamaie
- 1 cană de zahăr pudră

INSTRUCȚIUNI:
a) Se amestecă făina și zahărul.
b) Se amestecă uleiul, laptele și ouăle. Adăugați colorantul alimentar și extractele și amestecați bine. Se amestecă tequila.
c) Încălziți o grătar la 300 de grade F. Puneți aluatul cu o lingură mare pe grătar. Când încep să apară bule deasupra clătitelor, adăugați 1 până la 2 felii de căpșuni în partea de sus a fiecărei clătite, apoi întoarceți.
d) Gătiți încă 30 de secunde până la 1 minut și apoi îndepărtați, așezând clătitele cu căpșunile în sus pe hârtie ceară pentru a se răci.
e) Stivuiți-le astfel (cu susul în jos!) pentru a afișa căpșunile proaspete.
f) Ornați clătitele cu frișcă, un strop de zahăr roz, coaja de lămâie și sirop de lime.

SIROP DE LIMĂ:
g) Combinați zahărul pudră și sucul de lămâie într-o oală mică.
h) Aduceți la fiert la foc mediu-mic.
i) Luați de pe foc odată dizolvat și lăsați să se răcească.

32.Gogoși Godiva

INGREDIENTE:
PENTRU GOȘIILE CATIFEA ROSIE:
- 1 cană de făină universală
- ¼ cană pudră de cacao neîndulcită
- ½ linguriță de praf de copt
- ¼ linguriță de bicarbonat de sodiu
- ¼ lingurita sare
- ¼ cană unt nesărat, înmuiat
- ½ cană zahăr granulat
- 1 ou mare
- 1 lingurita extract de vanilie
- ½ cană de zară
- 1 lingura colorant alimentar rosu

PENTRU GLAZURA DE CREMĂ DE BRÂNZĂ:
- 4 uncii de brânză cremă, înmuiată
- 1 cană de zahăr pudră
- 2-3 linguri lapte
- ½ linguriță extract de vanilie

PENTRU BUNIȚA DE CIOCOLATA GODIVA:
- 2 uncii de ciocolată neagră Godiva, tocată

INSTRUCȚIUNI:
a) Preîncălziți cuptorul la 350°F (175°C). Ungeți o tavă pentru gogoși cu spray de gătit sau unt.
b) Într-un castron, amestecați făina, pudra de cacao, praful de copt, bicarbonatul de sodiu și sarea. Pune acest amestec uscat deoparte.
c) Într-un alt castron, cremă untul înmuiat și zahărul granulat până devine ușor și pufos.
d) Bateți oul și extractul de vanilie până se omogenizează bine.
e) Adăugați treptat ingredientele uscate la ingredientele umede, alternând cu zara în două sau trei adaosuri. Începeți și terminați cu ingredientele uscate.
f) Amestecați colorantul alimentar roșu până obțineți culoarea dorită.
g) Transferați aluatul de gogoși de catifea roșie într-o pungă de pastă sau într-o pungă de plastic cu fermoar, cu colțul tăiat.
h) Introduceți aluatul în tava pentru gogoși pregătită, umplând fiecare cavitate cu aproximativ ⅔.
i) Coaceți gogoșile în cuptorul preîncălzit timp de 10-12 minute sau până când o scobitoare introdusă într-o gogoașă iese curată.
j) Lăsați gogoșile să se răcească în tavă câteva minute, apoi transferați-le pe un grătar pentru a se răci complet.

PREGĂTIȚI GLAJURA DE CREMĂ DE BRÂNZĂ:
k) Într-un castron, bateți crema de brânză moale până la omogenizare.
l) Adăugați treptat zahărul pudră, laptele și extractul de vanilie și amestecați până când glazura este netedă și cremoasă.
m) Înmuiați fiecare gogoașă răcită în glazura de brânză cremă, lăsând oorez exces să se scurgă.

PREGĂTIȚI PULINA DE CIOOLATA GODIVA:
n) Topiți ciocolata neagră Godiva tocată în cuptorul cu microunde la intervale de 20 de secunde, amestecând până se omogenizează.
o) Peste gogoșile glazurate cu cremă de brânză se stropesc ciocolata neagră Godiva topită.
p) Lăsați glazura și ciocolata să se întărească înainte de a vă servi gogoșile Catifea rosie Godiva.

APERITIVE ȘI GUSTĂRI

33.Catifea rosie Bombs

INGREDIENTE:
- 100 grame ciocolata neagra, 90%
- 1 lingurita Extract de vanilie, fara zahar
- ⅓ cană cremă de brânză, moale
- 3 linguri Stevia
- 4 picături de colorant alimentar roșu
- ⅓ cana smântână grea de canabis, bătută

INSTRUCȚIUNI:
a) Puneți ciocolata la microunde la intervale de zece secunde într-un castron sigur pentru cuptorul cu microunde.
b) În afară de frișcă, combinați toate celelalte ingrediente într-un castron mare.
c) Asigurați-vă că este perfect netedă amestecând-o cu un mixer manual.
d) Adăugați ciocolata topită și continuați să amestecați încă două minute.
e) Umpleți o pungă cu amestecul pe jumătate, puneți-o pe o tavă de copt pregătită și puneți-o la frigider timp de patruzeci de minute.
f) Inainte de servire adauga deasupra o praf de frisca.

34.Batoane de dovleac Catifea rosie

INGREDIENTE:
- Sfeclă mică fiartă, 2
- Făină de cocos, ¼ cană
- Unt organic din seminte de dovleac, 1 lingura
- Lapte de cocos, ¼ cană
- Zer de vanilie, ½ cană
- 85% ciocolată neagră, topită

INSTRUCȚIUNI:
a) Combinați toate ingredientele uscate, cu excepția ciocolatei.
b) Se amestecă laptele peste ingredientele uscate și se leagă bine.
c) Modelați în bare de dimensiune medie.
d) Topiți ciocolata în cuptorul cu microunde și lăsați-o să se răceasca câteva secunde.
e) Acum scufundați fiecare baton în ciocolată topită și acoperiți bine.
f) Dă la frigider până când ciocolata este întărită și fermă.
g) Bucurați-vă.

35. Catifea rosie Fudge Protein Bar s

INGREDIENTE:
- Piure de sfeclă prăjită, 1 cană
- Pastă de boabe de vanilie, 1 linguriță
- Lapte de soia neindulcit, ½ cană
- Unt de nuci, ½ cană
- Sare roz de Himalaya, ⅛ linguriță
- Extract, 2 lingurițe
- Stevia crudă, ¾ cană
- Făină de ovăz, ½ cană
- Pudră de proteine, 1 cană

INSTRUCȚIUNI:
a) Topiți untul într-o cratiță și adăugați făină de ovăz, pudră proteică, piure de sfeclă, vanilie, extract, sare și stevia. Se amestecă până se combină.
b) Acum adauga laptele de soia si amesteca pana se incorporeaza bine.
c) Transferați amestecul într-o tigaie și puneți-l la frigider pentru 25 de minute.
d) Când amestecul este ferm, tăiați-l în 6 batoane și savurați.

36. Catifea rosie Puppy Chow

INGREDIENTE:
- 15,25 uncii amestec de tort de catifea roșie
- 1 cană de zahăr pudră
- 12 uncii de ciocolată albă
- 8 uncii de ciocolată semidulce
- 2 linguri smantana groasa, temperatura camerei
- 12 uncii de cereale Chex
- 10 uncii M&M's
- ⅛ stropi de culoare de ceașcă

INSTRUCȚIUNI:
a) Preîncălziți cuptorul la 350°F.
b) Întindeți amestecul de tort de catifea roșie peste o tavă de copt tapetată cu hârtie de copt.
c) Se coace la cuptor pentru 5-8 minute.
Scoateți din cuptor și lăsați să se răcească.
d) Adăugați amestecul de tort și zahărul pudră într-o pungă resigibilă și agitați pentru a se amesteca bine. Pune la o parte.
e) Într-un castron, spargeți ciocolata, apoi încălziți în cuptorul cu microunde în trepte de 30 de secunde, amestecând între ele, până când ciocolata este complet topită.
f) Se amestecă crema.
g) Adăugați cerealele Chex într-un alt bol mare și turnați ciocolata deasupra.
h) Amestecați cu grijă cerealele împreună cu ciocolata până când sunt acoperite uniform, apoi, lucrând în reprize, adăugați cerealele acoperite cu ciocolată în pungă cu amestecul pentru tort și zahărul și agitați până se îmbracă complet.
i) Scoateți bucățile de cereale pe o tavă de copt tapetată cu hârtie de copt.
j) Repetați cu cerealele rămase, apoi lăsați bucățile să se usuce aproximativ o oră.
k) Se amestecă cu M&Ms și stropi și se pune într-un castron pentru a servi.

37.Mix de petrecere Catifea rosie

INGREDIENTE:
- 6 căni de cereale de ciocolată
- ½ cană zahăr brun la pachet
- ⅓ cană de unt
- 3 linguri sirop de porumb
- 1 picătură de colorant alimentar în gel roșu
- 1 cană amestec pentru prăjituri alimentare
- ½ cană de glazură cremă de brânză

INSTRUCȚIUNI:
a) Într-un castron mare, care poate fi copt cu microunde, puneți cerealele; pus deoparte.
b) Într-un castron mediu pentru microunde, puneți la microunde zahărul brun, untul, siropul de porumb, colorantul alimentar și amestecul de prăjitură descoperit la înălțime.
c) Se toarnă imediat peste cereale; se amestecă până se îmbracă bine.
d) Întindeți pe hârtie cerată. Se răcește timp de 5 minute.
e) Într-un castron mic, care poate fi folosit la microunde, puneți glazura; cuptorul cu microunde descoperit la putere maximă timp de 20 de secunde.
f) Stropiți peste amestecul de cereale. Păstrați lejer acoperit.

38.Bile de tort Catifea rosie

INGREDIENTE:
- Pachet de 15,25 uncii de amestec de tort de catifea roșie
- 1 cană lapte integral
- ⅓ cană unt sărat, topit
- 3 lingurițe extract de vanilie, împărțit
- Scurtare de legume, pentru tigaie
- Făină universală, pentru tigaie
- pachet de 8 uncii. crema de branza inmuiata
- ½ cană unt sărat, înmuiat
- 4 căni de zahăr pudră
- 30 uncii napolitane albe care se topesc
- Presături roșii și albe și zaharuri de șlefuit

INSTRUCȚIUNI:

a) Preîncălziți cuptorul la 350°F. Bateți amestecul de prăjitură, laptele, untul topit și 1 linguriță de vanilie în vasul unui mixer cu suport greu prevăzut cu accesoriul cu paletă la viteză mică până se omogenizează bine, aproximativ 1 minut. Măriți viteza la medie și bateți timp de 2 minute. Turnați aluatul într-o tavă unsă și făinată de 13 x 9 inci.

b) Coacem in cuptorul preincalzit pana cand o scoatere de lemn introdusa in centru iese curata, 24 - 28 de minute. Se răcește într-o tigaie pe un grătar timp de 15 minute. Întoarceți tortul pe un grătar și lăsați-l să se răcească complet timp de aproximativ 2 ore.

c) Între timp, bateți crema de brânză și untul înmuiat cu un mixer cu suport greu prevăzut cu paletă, la viteză medie, până devine cremos. Reduceți viteza la mică și adăugați treptat zahărul pudră și restul de 2 lingurițe de vanilie, batând până se omogenizează. Măriți viteza la mediu-mare și bateți până devine pufos, 1 până la 2 minute.

d) Se sfărâmă tortul răcit într-un castron mare. Se amestecă 2 căni de glazură cu cremă de brânză.

e) Rulați amestecul de tort în 48 de bile, de aproximativ 1 inch în diametru. Puneți bilele pe foi de copt și acoperiți-le cu folie de plastic. Răciți timp de 8 ore sau peste noapte.

f) Topiți 1 pachet de napolitane care se topesc într-un vas de dimensiuni medii care se poate găti cu microunde în cuptorul cu microunde conform instrucțiunilor de pe ambalaj.

g) Folosind o furculiță și lucrând cu câte o bilă de tort, înmuiați bila în napolitane topite, lăsând excesul să picure înapoi în bol. Așezați bila pe o foaie de copt tapetată cu hârtie de copt și stropiți imediat cu cantitatea dorită de stropi sau zaharuri de șlefuit.

h) Repetați cu restul de 15 bile de prăjitură și napolitanele topite într-un castron, curățând o furculiță între fiecare baie.

i) Ștergeți castronul și repetați de încă 2 ori cu bilele de prăjitură răcite rămase și 2 pachete de napolitane topite și cantitatea dorită de stropi. Se da la rece până când este gata de servire.

39.Cupe de fleac Catifea rosie

INGREDIENTE:
- Spray pentru copt
- Pachet de 15,25 uncii de Catifea rosie Cake Mix
- 1 cană de zară cu conținut scăzut de grăsimi sau apă
- 3 oua
- ½ cană ulei vegetal
- 7 uncii amestec de budincă instant de vanilie sau Prajitura cu branza
- 4 cani de lapte integral
- Topping bătut și așchii de ciocolată, pentru servire

INSTRUCȚIUNI:
a) Preîncălziți cuptorul la 350°F.
b) Pulverizați o tavă cu jeleu cu spray de copt.
c) Amestecă amestecul de prăjitură, zara sau apa, ouăle și uleiul într-un castron mare cu un mixer electric la viteză mică până se umezește, aproximativ 30 de secunde.
d) Bateți la viteză medie timp de 2 minute. Se toarnă în tigaie.
e) Coaceți 15 până la 18 minute, până când o scobitoare introdusă în centru, iese curată.
f) Răciți tortul într-o tavă pe un grătar până se răcește complet.
g) Folosiți un cuțit zimțat pentru a prăji în 120 de pătrate mici.
h) Pregătiți budinca conform instrucțiunilor de pe ambalaj.
i) Puneți 10 cuburi de prăjitură într-un pahar de servire și acoperiți uniform cu budincă.
j) Acoperiți fiecare ceașcă cu topping bătut și așchii de ciocolată.

40.Catifea rosie Minge de brânză

INGREDIENTE:
- 8 uncii cremă de brânză, la temperatura camerei
- ½ cană unt nesărat, la temperatura camerei
- Cutie de 15,25 uncii amestec de prăjituri de catifea roșie, uscat
- ½ cană de zahăr pudră
- 2 linguri de zahar brun
- ½ cană mini chipsuri de ciocolată
- fursecuri cu vanilie/biscuiti graham, pentru servire

INSTRUCȚIUNI:
a) În bolul unui mixer cu suport, bateți crema de brânză și untul până la omogenizare.
b) Adăugați amestecul de tort, zahărul pudră și zahărul brun. Se amestecă până se încorporează bine.
c) Răzuiți amestecul pe o bucată mare de folie de plastic. Folosiți folie pentru a forma amestecul într-o bilă. Dă la frigider în folie de plastic până când este suficient de ferm pentru a fi manipulat, aproximativ 30 de minute.
d) Pune chipsurile de ciocolată pe o farfurie. Desfaceți bila de brânză și rulați-o în bucăți de ciocolată.
e) Se serveste cu fursecuri cu vanilie, biscuiti graham etc.

41. Catifea rosie Prajitura cu branza Brownie Muşcături

INGREDIENTE:

PENTRU BROWNII:
- 8 linguri de unt nesarat, topit
- 1 cană zahăr
- ¼ cană pudră de cacao neîndulcită
- ½ linguriță extract de vanilie
- 1 lingura colorant alimentar rosu
- ⅛ linguriță sare
- ½ linguriță de oțet alb
- 2 oua mari, batute usor
- ¾ cană făină universală

PENTRU Umplutura de Prajitura cu branza:
- Pachet de 8 uncii de cremă de brânză înmuiată
- 3 linguri de zahar
- ½ linguriță extract de vanilie
- 1 galbenus de ou mare

INSTRUCȚIUNI:
FĂ ALUATUL BROWNIE:
a) Preîncălziți cuptorul la 350ºF. Ungeți o mini tavă pentru brioșe cu spray de gătit.
b) Într-un castron mare, amestecați untul topit, zahărul, pudra de cacao, extractul de vanilie, colorantul alimentar și sarea până se combină, apoi amestecați oțetul alb.
c) Adăugați ouăle și amestecați până se omogenizează. Încorporați făina doar până se combină. Pune amestecul de brownie deoparte.
FACEȚI Umplutura de Prajitura cu branza:
d) În vasul unui mixer cu suport prevăzut cu accesoriul cu paletă, bateți crema de brânză cu zahărul, extractul de vanilie și gălbenușul de ou până se omogenizează. Transferați amestecul de Prajitura cu branza într-o pungă sau într-o pungă de plastic sigilabilă și tăiați vârful.
e) Folosind o lingură mică de înghețată, aproximativ 1 lingură de aluat pentru brownie în fiecare godeu a tavii pentru mini brioșe. Puneți aproximativ 1 linguriță de amestec de Prajitura cu branza peste aluatul de brownie, apoi acoperiți amestecul de Prajitura cu branza cu încă 1 linguriță de aluat de brownie. Folosind o scobitoare, amestecați aluatul pentru brownie și amestecul de Prajitura cu branza.
f) Coaceți mușcăturile de brownie pentru aproximativ 12 minute sau până când amestecul de Prajitura cu branza este copt complet. Scoateți mușcăturile de brownie din cuptor și

42. Catifea rosie Orez Krispies

INGREDIENTE:
- 10,5 uncii mini marshmallows
- 3 linguri de unt
- ½ linguriță
- ¾ cană amestec de tort de catifea roșie
- 6 căni de cereale crocante de orez
- ½ linguriță colorant alimentar roșu opțional

INSTRUCȚIUNI:
a) Într-o oală mare, la foc mediu-mic, topiți untul și mini-bezelele.
b) Când marshmallow-urile sunt complet topite, amestecați amestecul de tort cu vanilie și catifea roșie. Dacă simțiți că trebuie să fie mai roșu, adăugați colorant alimentar în acest moment.
c) Luați de pe foc și amestecați ușor krispies de orez până când sunt acoperiți uniform.
d) Odată ce toate sunt combinate, împărțiți uniform între tăvile de spumă.
e) Acoperiți tăvile cu folie de plastic și serviți.

43.chipsuri de catifea roșie

INGREDIENTE:
- 4 sfeclă medie, clătiți și tăiați felii subțiri
- 1 lingurita sare de mare
- 2 linguri ulei de masline
- Hummus, pentru servire

INSTRUCȚIUNI:
a) Preîncălziți friteuza cu aer la 380°F.
b) Într-un castron mare, amestecați sfecla cu sare de mare și ulei de măsline până se îmbracă bine.
c) Puneți feliile de sfeclă în friteuza și întindeți-le într-un singur strat.
d) Se prăjește timp de 10 minute. Se amestecă, apoi se prăjește încă 10 minute. Se amestecă din nou, apoi se prăjește pentru ultimele 5 până la 10 minute sau până când chipsurile ating crocanta dorită.
e) Serviți cu un hummus preferat.

44.Biscuiti Mototoli Catifea rosie

INGREDIENTE:
- 1 1/2 cani de faina universala
- 1/4 cană pudră de cacao neîndulcită
- 1 1/2 linguriță praf de copt
- 1/4 lingurita sare
- 1/2 cană unt nesărat, înmuiat
- 1 cană zahăr granulat
- 2 ouă mari
- 1 lingurita extract de vanilie
- 1 lingura colorant alimentar rosu
- 1/2 cană zahăr pudră, pentru rulat

INSTRUCȚIUNI:
a) Într-un castron, amestecați făina, praful de cacao, praful de copt și sarea. Pus deoparte.
b) Într-un alt castron, cremă împreună untul și zahărul până devine ușor și pufos. Se adauga ouale pe rand, batand bine dupa fiecare adaugare. Se amestecă extractul de vanilie și colorantul alimentar roșu.
c) Adăugați treptat ingredientele uscate la amestecul umed, amestecând până când se combină.
d) Acoperiți aluatul și lăsați-l la frigider pentru cel puțin 1 oră.
e) Preîncălziți cuptorul la 350 ° F (175 ° C) și tapetați foile de copt cu hârtie de copt.
f) Modelați aluatul în bile de 1 inch, apoi rulați fiecare bilă în zahăr pudră pentru a se acoperi.
g) Așezați bilele acoperite pe foile de copt pregătite, distanțandu-le la aproximativ 2 inci.
h) Coaceți 10-12 minute sau până când marginile sunt setate. Se lasă să se răcească pe foile de copt câteva minute înainte de a se transfera pe un grătar pentru a se răci complet.

45. Catifea rosie Prajitura cu branza Vârtej Blondies

INGREDIENTE:

- 1/2 cana unt nesarat, topit
- 1 cană zahăr granulat
- 2 ouă mari
- 1 lingurita extract de vanilie
- 1 lingura colorant alimentar rosu
- 1 cană de făină universală
- 1/4 lingurita sare
- 8 oz cremă de brânză, înmuiată
- 1/4 cană zahăr granulat
- 1 galbenus de ou mare

INSTRUCȚIUNI:

a) Preîncălziți cuptorul la 350 ° F (175 ° C) și ungeți o tavă de copt de 9 x 9 inchi.
b) Într-un castron mare, amestecați untul topit și zahărul. Bateți ouăle pe rând, apoi adăugați extract de vanilie și colorant alimentar roșu.
c) Amestecați treptat făina și sarea până se omogenizează.
d) Într-un castron separat, bateți crema de brânză, zahărul și gălbenușul de ou până se omogenizează.
e) Întindeți aluatul de blondie în tava pregătită. Puneți linguri de amestec de brânză cu cremă peste aluat, apoi amestecați cu un cuțit.
f) Coaceți 25-30 de minute sau până când o scobitoare introdusă în centru iese curată. Se lasă să se răcească înainte de a tăia în pătrate.

46. Plăcinte Whoopie Catifea rosie

INGREDIENTE:
- 2 căni de făină universală
- 2 linguri pudra de cacao
- 1 lingurita praf de copt
- 1/2 lingurita de bicarbonat de sodiu
- 1/2 lingurita sare
- 1/2 cană unt nesărat, înmuiat
- 1 cană zahăr granulat
- 2 ouă mari
- 1 lingurita extract de vanilie
- 1 lingura colorant alimentar rosu
- 1/2 cană zară

PENTRU Umplutura cu crema de branza:
- 8 oz cremă de brânză, înmuiată
- 1/4 cană unt nesărat, înmuiat
- 2 căni de zahăr pudră
- 1 lingurita extract de vanilie

INSTRUCȚIUNI:

a) Preîncălziți cuptorul la 350 ° F (175 ° C) și tapetați foile de copt cu hârtie de copt.
b) Într-un castron, amestecați făina, pudra de cacao, praful de copt, bicarbonatul de sodiu și sarea.
c) Într-un alt castron, cremă împreună untul și zahărul până devine ușor și pufos. Se adauga ouale pe rand, batand bine dupa fiecare adaugare. Se amestecă extractul de vanilie și colorantul alimentar roșu.
d) Adăugați treptat ingrediente uscate la amestecul umed, alternând cu zara, începând și terminând cu ingredientele uscate.
e) Puneți linguri de aluat pe foile de copt pregătite, distanțându-le la aproximativ 2 inci.
f) Coaceți 10-12 minute sau până când marginile sunt setate. Se lasă să se răcească pe foile de copt câteva minute înainte de a se transfera pe un grătar pentru a se răci complet.
g) Pentru a face umplutura cu crema de branza, bateti crema de branza, untul, zaharul pudra si extractul de vanilie pana se omogenizeaza.
h) Întindeți umplutura cu cremă de brânză pe partea plată a jumătății de fursecuri, apoi acoperiți cu o altă prăjitură pentru a face sandvișuri.

47. Brownies-uri de catifea roșie

INGREDIENTE:
- 1/2 cana unt nesarat
- 1 cană zahăr granulat
- 2 ouă mari
- 1 lingurita extract de vanilie
- 1 1/2 cani de faina universala
- 1/4 cană pudră de cacao
- 1/2 lingurita sare
- 1 lingura colorant alimentar rosu
- 1/2 cană chipsuri de ciocolată

INSTRUCȚIUNI:

a) Preîncălziți cuptorul la 350 ° F (175 ° C) și ungeți o tavă de copt de 9 x 9 inchi.
b) Într-un castron sigur pentru cuptorul cu microunde, topește untul. Se amestecă zahărul până se combină bine.
c) Bateți ouăle, pe rând, apoi adăugați extract de vanilie și colorant alimentar roșu.
d) Într-un castron separat, amestecați făina, pudra de cacao și sarea. Adăugați treptat ingredientele uscate la amestecul umed, amestecând până când se combină.
e) Puneți fulgi de ciocolată, apoi turnați aluatul în tava pregătită.
f) Folosind o scobitoare sau un cuțit, învârtiți aluatul pentru a crea un efect marmorat.
g) Coaceți 25-30 de minute sau până când o scobitoare introdusă în centru iese curată. Se lasă să se răcească înainte de a tăia în pătrate.

48. Batoane de biscuiți Catifea rosie

INGREDIENTE:
- 1/2 cana unt nesarat, topit
- 1 cană zahăr granulat
- 2 ouă mari
- 1 lingurita extract de vanilie
- 1 1/2 cani de faina universala
- 2 linguri pudra de cacao
- 1/2 lingurita sare
- 1 lingura colorant alimentar rosu
- 1 cană chipsuri de ciocolată

INSTRUCȚIUNI:

a) Preîncălziți cuptorul la 350 ° F (175 ° C) și ungeți o tavă de copt de 9 x 13 inci.

b) Într-un castron mare, combinați untul topit și zahărul. Bateți ouăle pe rând, apoi adăugați extract de vanilie și colorant alimentar roșu.

c) Într-un castron separat, amestecați făina, pudra de cacao și sarea. Adăugați treptat ingredientele uscate la amestecul umed, amestecând până când se combină.

d) Încorporați fulgi de ciocolată, apoi întindeți aluatul uniform în tava pregătită.

e) Coaceți 20-25 de minute sau până când o scobitoare introdusă în centru iese curată. Se lasa sa se raceasca inainte de a taia in batoane.

49. Biscuiți umpluți cu cremă de brânză Catifea rosie

INGREDIENTE:
- 1/2 cană unt nesărat, înmuiat
- 1/2 cană zahăr granulat
- 1/2 cană zahăr brun
- 1 ou mare
- 1 lingurita extract de vanilie
- 1 lingura colorant alimentar rosu
- 1 3/4 cani de faina universala
- 1/4 cană pudră de cacao
- 1/2 lingurita de bicarbonat de sodiu
- 1/4 lingurita sare
- 4 oz cremă de brânză, înmuiată
- 1/2 cană zahăr pudră
- 1/2 lingurita extract de vanilie

INSTRUCȚIUNI:
a) Preîncălziți cuptorul la 350 ° F (175 ° C) și tapetați foile de copt cu hârtie de copt.
b) Într-un castron mare, cremă împreună untul, zahărul granulat și zahărul brun până devine ușor și pufos. Bateți oul, extractul de vanilie și colorantul alimentar roșu.
c) Într-un castron separat, amestecați făina, pudra de cacao, bicarbonatul de sodiu și sarea. Adăugați treptat ingredientele uscate la amestecul umed, amestecând până când se combină.
d) Într-un alt castron, bateți crema de brânză, zahărul pudră și extractul de vanilie până se omogenizează.
e) Scoateți linguri de aluat de prăjituri și aplatizați-le în discuri. Pune o lingură mică de umplutură cu cremă de brânză pe jumătate din discuri, apoi deasupra discurilor rămase pentru a forma sandvișuri.
f) Sigilați marginile fursecurilor împreună, apoi rulați-le ușor în bile și așezați-le pe foile de copt pregătite.
g) Coaceți 10-12 minute sau până când marginile sunt setate. Se lasă să se răcească pe foile de copt câteva minute înainte de a se transfera pe un grătar pentru a se răci complet. Bucurați-vă de prăjiturile voastre umplute!

50.Bomboane Catifea rosie

INGREDIENTE:
- 1 cană Unt
- ⅓ cană Zahăr de cdeetar
- ¾ cană Amidon de porumb
- 1¼ cană Făină universală cernută
- ½ cană Nuci pecan , tocate marunt

BON BON FROSTING :
- 1 lingurita Unt
- 2 linguri Limonadă
- 1 colorant alimentar roşu

INSTRUCȚIUNI:
a) Se amestecă untul cu zaharul până devine foarte uşor şi pufos.
b) Adăugați amidonul de porumb și făina, amestecând bine. Se da la frigider pana este usor de manevrat.
c) Preîncălziți cuptorul la 350 de grade. Modelați aluatul în bile de 1 inch.
d) Pune bile pe nuci pecan și împrăştiate pe hârtie cerată.
e) Se aplatizează cu fundul unui pahar înmuiat în făină.
f) Cu o spatulă aşezați fursecurile pe o foaie de biscuiți neunsă, cu partea de nucă în sus.
g) Coaceți timp de 15 minute. Misto.
h) Frost cu Bon Bon Frosting.

BON BON FROSTING :
i) Amestecați untul, colorantul alimentar şi ada de lămâie până la omogenizare.
j) Învârtiți glazura peste fiecare prăjitură.

51. Catifea rosie Pull-Aparts

INGREDIENTE:
- Rulouri de cina , decongelate
- Coaja rasa a 2 lamai
- ¼ cană Unt
- ½ cană Zahăr

Glazura cu citorez:
- 1 cană Zahăr pudră
- 1 lingura Unt , topit
- 2 linguri Suc proaspăt de lămâie
- 3 picături de colorant alimentar roșu

INSTRUCȚIUNI:
a) Tăiați rulourile dezghețate în jumătate și puneți-le în uns tigaie pentru pizza.
b) Topiți untul și turnați peste rulouri.
c) Se amestecă coaja rasă de lămâie cu zahărul și sprinkle pe rulouri.
d) Acoperiți cu folie de plastic care a fost pulverizată cu spray de gătit antiaderent.
e) Se lasa sa creasca pana isi dubleaza volumul. Scoateți folia și coaceți la 350° timp de aproximativ 25 de minute.

Glazura cu citorez:
f) Combină ingredientele pentru glazură și amestecă până se subțire.
g) Acoperiți rulourile cu glazură cât sunt calde .

52. Scoarță de catifea roșie

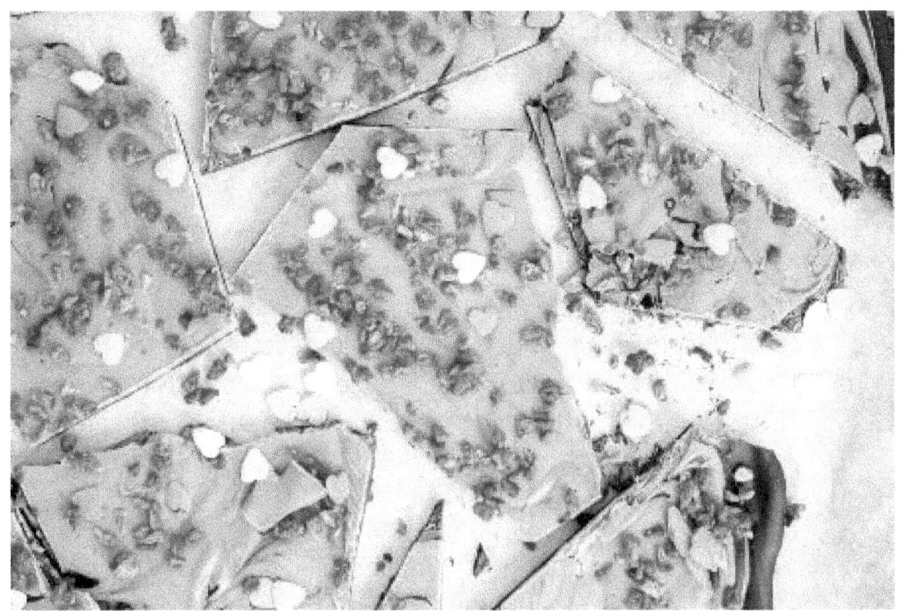

INGREDIENTE:
- 11 o unces chipsuri de ciocolată albă
- 1 lingura extract de lamaie
- 4 picături de colorant alimentar roșu
- ½ lingurita acid citric sau dupa gust
- de 0,5 uncii de căpșuni lideilizate

INSTRUCȚIUNI:
a) Pregătiți o foaie de copt acoperind-o cu hârtie de copt.
b) Topiți chipsurile de ciocolată albă în cuptorul cu microunde, folosind trepte de 30 de secunde și amestecând între runde.
c) Se amestecă extractul de lămâie și colorantul alimentar în ciocolata albă topită și se amestecă bine pentru a se combina.
d) Adăugați acid citric după gust.
e) Întindeți ciocolata albă într-un strat subțire peste foaia de copt.
f) Presărați căpșuni lideilizate peste ciocolata albă .
g) Atingeți ușor bucățile mari de căpșuni în ciocolată.
h) Se da la frigider pentru o ora pentru a solidifica ciocolata. Rupeți în bucăți și serviți.

53. Batoane Catifea rosie și Açaí Maqui Boabe

INGREDIENTE:
PENTRU CRASTĂ
- ¾ de cană de nucă de cocos neîndulcită
- ¼ cană făină de migdale
- 4 curmale Medjool fără sâmburi
- 2 linguri ulei de cocos
- ¼ linguriță sare kosher

PENTRU Umplutura
- 2 căni de caju crude, înmuiate
- ½ cană de lapte de cocos plin de grăsime conservat
- ¼ cană ulei de cocos, topit și răcit
- ⅓ cană sirop de arțar pur
- ¼ cană concentrat de limonadă roz
- ¼ de cană Açaí Maqui Boabe Mix
- Afine pentru ornat

INSTRUCȚIUNI:
a) Tapetați o tavă de 8×8" cu hârtie de copt și ungeți cu ulei de cocos. Pus deoparte.
b) Adăugați nuca de cocos, făina de migdale, curmalele fără sâmburi, uleiul de cocos și sarea într-un robot de bucătărie.
c) Pulverizați până când se unește într-un fel de aluat lipicios.
d) Apăsați uniform aluatul de curmale pe fundul tăvii pregătite.
e) În același robot de bucătărie, combinați toate ingredientele de umplutură și amestecați până la omogenizare.
f) Turnați umplutura în tava pregătită peste crustă.
g) Neteziți partea de sus și loviți tava cu putere de blat pentru a elibera oorez bule de aer.
h) Puneți pe o suprafață plană în congelator pentru a se întări timp de cel puțin 3 ore înainte de tăiere.
i) Lăsați-le să se dezghețe la temperatura camerei timp de 10-15 minute.

54. Catifea rosie Orez Krispies

INGREDIENTE:
- 10,5 uncii mini marshmallows
- 3 linguri de unt
- ½ linguriță
- ¾ cană amestec de tort de catifea roșie
- 6 căni de cereale crocante de orez
- ½ linguriță colorant alimentar roșu opțional

INSTRUCȚIUNI:
a) Într-o oală mare, la foc mediu-mic, topiți untul și mini-bezelele.
b) Când marshmallow-urile sunt complet topite, amestecați amestecul de tort cu vanilie și catifea roșie. Dacă simțiți că trebuie să fie mai roșu, adăugați colorant alimentar în acest moment.
c) Se ia de pe foc și se amestecă ușor Orez Krispies până când sunt acoperite uniform.
d) Odată ce toate sunt combinate, împărțiți uniform între tăvile de spumă.
e) Acoperiți tăvile cu folie de plastic și serviți.

55.Madeleine cu dulceață și nucă de cocos

INGREDIENTE:
MADELEINES:
- 100 g unt, tocat grosier
- 1 ou
- 1 lingurita extract de vanilie
- ¼ cană zahăr tos
- ¼ cană nucă de cocos deshidratată fin
- ½ cană făină simplă
- ½ linguriță de praf de copt
- 100 g dulceata de capsuni

GLAURA ROZ:
- 2 cesti de zahar pudra, cernute
- 1 lingura de lapte
- 3 picături de colorant alimentar roșu
- 2 lingurite extract de boabe de vanilie

pesmet de cocos:
- ½ cană nucă de cocos deshidratată fin
- ½ cană de biscuiți cu malț sau lapte, zdrobiți
- 50 g ciocolata alba (optional)

INSTRUCȚIUNI:

a) Preîncălziți cuptorul la 180°C (160°C ventilat). Ungeți ușor o tavă de madeleine cu 12 găuri și pudrați-o ușor cu făină simplă. Se scutura excesul de faina.

b) Topiți 100 g unt într-o cratiță mică la foc mediu timp de 2-3 minute până se rumenesc ușor. Se răcește untul topit.

c) Într-un castron, bateți oul, extractul de vanilie, zahărul tos și nuca de cocos deshidratată timp de 3 minute până devine palid și cremos.

d) Cerneți împreună făina simplă și praful de copt. Îndoiți ușor amestecul de făină în amestecul de ouă. Adăugați untul topit și amestecați.

e) Turnați aluatul în formele de madeleine, umplându-le pe fiecare doar pe jumătate. Puneti ¼ de lingurita de dulceata de capsuni in centrul fiecarei madeleine, apoi acoperiti cu putin aluat.

f) Coaceți 9 minute sau până când madeleinele sunt ușor aurii și moi. Lăsați-le să stea în tavă timp de 2 minute, apoi turnați-le pe un grătar pentru a se răci complet.

g) Pentru a face glazura roz, combinați zahărul pudră cernut, laptele, colorantul alimentar roșu și extractul de boabe de vanilie într-un castron mediu. Amestecați până se formează o pastă ușor groasă și lăsați-o deoparte.

h) Pentru pesmeturile de nucă de cocos, folosiți un robot de bucătărie pentru a transforma biscuiții cu malț sau lapte în firimituri. Adăugați nuca de cocos deshidratată (și ciocolata albă opțională) și amestecați timp de încă 20 de secunde.

i) Stropiți glazura roz deasupra fiecărei madeleine și presărați pesmetul de nucă de cocos pe o parte sau peste tot deasupra, în funcție de preferințele dvs. pentru mai mult crocant.

j) Bucurați-vă de aceste drăguțe și delicioase Madeleine cu gem și nucă de cocos, ca un răsfăț încântător pentru ora ceaiului sau oorez ocazie specială!

DESERT

56.Biscuiți de catifea roșie umpluți cu brânză cremă

INGREDIENTE:
Umplutura cu crema de branza:
- 1 pachet (8 uncii/227 g) cremă de brânză, moale
- 2/3 cană (75 g) zahăr de cdeetă
- 2 linguri (15 g) făină universală nealbită King Arthur sau făină fără gluten King Arthur pentru măsură
- 1/2 linguriță de extract pur de vanilie King Arthur
- 1/8 lingurita sare de masa

ALUAT:
- 2 căni (240 g) de făină universală nealbită King Arthur sau de făină fără gluten King Arthur pentru măsură
- 1/3 cană (28 g) amestec triplu de cacao King Arthur
- 1 1/2 linguriță praf de copt
- 1/2 lingurita sare de masa
- 1 1/3 cană (266 g) zahăr granulat
- 8 linguri (113g) unt nesarat, inmuiat
- 2 oua mari, la temperatura camerei
- 1 linguriță de extract pur de vanilie King Arthur
- 1 lingurita gel colorant alimentar rosu

ASAMBLARE:
- 1/2 cană (99 g) zahăr granulat
- 1/2 cană (57 g) zahăr de cdeetă

INSTRUCȚIUNI:
a) Preîncălziți cuptorul la 350 ° F și tapetați o tavă de copt cu pergament.

Umplutura cu crema de branza:
b) Într-un castron mare sau vasul unui mixer cu stand, combinați toate ingredientele de umplutură și amestecați până la omogenizare timp de aproximativ 2 minute.

ALUAT:
c) Cerne împreună făina, pudra de cacao, praful de copt și sarea într-un castron mediu. Pus deoparte.
d) Într-un castron mare sau într-un mixer cu stand, amestecați zahărul granulat și untul până devine pufos.

e) Se adauga ouale pe rand, batand bine intre adaugari. Se adauga vanilia si colorantul alimentar, batand pentru a se incorpora.
f) Adăugați ingredientele uscate și bateți până nu rămân ingrediente uscate. Dați aluatul la frigider pentru cel puțin 30 de minute sau cu până la 1 zi înainte.

ASSAMLAȚI ȘI COACEȚI:

g) Preîncălziți cuptorul la 350 ° F cu un gratar în centru și tapetați o tavă de copt cu pergament.
h) Puneți zahărul granulat rămas și zahărul de cdeetă în boluri separate.
i) Folosește o linguriță rotundă pentru prăjituri pentru a porționa 16 movile (aproximativ 47 g fiecare) de aluat pentru prăjituri pe tava de copt.
j) Ridicați o porție, apăsați un godeu în centru, puneți o grămadă de umplutură înghețată, prindeți aluatul împreună în jurul umpluturii și rulați-l într-o bilă. Repetați cu încă 7 porții.
k) Ungem biluțele de aluat umplute cu zahăr granulat, apoi se îmbracă cu zahăr de cdeetă.
l) Coaceți timp de 16 până la 18 minute sau până când se crăpă peste tot și se usucă pe margini. Se lasa sa se raceasca pe foaia de copt pana se fixeaza, apoi se transfera pe un gratar pentru a se raci complet.
m) În timp ce primul lot se coace, umpleți și acoperiți fursecurile rămase.
n) Se serveste la temperatura camerei.
o) Informații de depozitare:
p) Păstrați fursecurile rămase într-un recipient ermetic la temperatura camerei timp de până la 2 zile.

57.Găluște cu rubarbă

INGREDIENTE:
PENTRU SOS:
- 1½ cană de zahăr
- 1½ cani de apa
- 1 cană de făină
- ⅓ cană de unt
- ¼ linguriță scorțișoară
- 1 lingurita de vanilie
- ¼ lingurita Sare
- 1 strop de colorant alimentar roșu

PENTRU ALUAT:
- 2 cani de faina
- ¼ lingurita Sare
- 2 linguri de zahăr
- 2½ linguri de unt rece
- 2 lingurițe Praf de copt
- ½ cană lapte (poate avea nevoie de până la ¾ de cană)
- 2 linguri Unt, inmuiat

PENTRU Umplutura:
- ½ cană de zahăr
- 2 căni de rubarbă tocată fin
- Scorțișoară (pentru praf)

INSTRUCȚIUNI:
PENTRU SOS:
a) Preîncălziți cuptorul la 350°F (175°C).
b) Într-o cratiță mică, combinați zahărul, făina, scorțișoara și sarea.
c) Amesteca treptat apa si adauga untul.
d) Se aduce la fierbere la foc mare și se fierbe timp de 1 minut.
e) Adăugați vanilia și, dacă doriți, un strop de colorant alimentar roșu pentru a o nuanța în roz închis.
f) Lăsați sosul să se răcească.

PENTRU ALUAT:
g) Într-un bol mediu de amestecare sau într-un robot de bucătărie, combinați făina, zahărul, praful de copt și sarea.
h) Tăiați sau procesați în unt rece până când amestecul seamănă cu niște mici de porumb.
i) Adăugați laptele și amestecați rapid.
j) Întindeți aluatul pe o suprafață cu făină până la un dreptunghi de 12 x 10 inci.
k) Peste aluat se intinde untul inmuiat, apoi se aranjeaza deasupra rubarba tocata.
l) Presărați zahăr peste toată rubarba și pudrați generos cu scorțișoară.
m) Rulați aluatul din partea lungă și puneți-l pe o masă de tăiat, cu cusătura în jos.
n) Tăiați rulada în 12 felii.
o) Aranjați feliile tăiate în sus într-o tavă plată de sticlă de 3 litri unsă cu ulei.
p) Se toarnă deasupra sosul răcit.
q) Coaceți timp de 35 de minute sau până când găluștele sunt umflate și aurii.
r) Serviți cu smântână dacă doriți.
s) Bucurați-vă de găluștele voastre delicioase cu rubarbă!

58. Tort Tres Leches Catifea rosie

INGREDIENTE:
TORT:
- 1 cutie Devil's Food Cake Mix
- 1 cană apă
- 1 lingura ulei vegetal
- 4 ouă
- 2 lingurite de vanilie
- 1 sticlă (1 uncie) colorant alimentar roșu (aproximativ 2 linguri)

AMESTEC DE TRES LECHES:
- 1 cutie (14 uncii) lapte condensat îndulcit (nevaporat)
- 1 cană de lichior de smântână irlandeză
- ½ cană smântână grea pentru frișcă

TOPING:
- 1 ½ cani de frisca grea pentru frisca
- 3 linguri de zahar pudra
- ½ lingurita de vanilie

GARNITURĂ:
- ¼ cană baton de copt de ciocolată neagră ras

INSTRUCȚIUNI:
a) Preîncălziți cuptorul conform instrucțiunilor din amestecul pentru tort. Ungeți și făinați o tavă de copt de 13x9 inci.
b) Într-un castron mare, combinați amestecul de tort, apa, uleiul vegetal, ouăle, vanilia și colorantul alimentar roșu. Se amestecă până se combină bine.
c) Turnați aluatul în tava pregătită și coaceți conform instrucțiunilor de pe ambalaj. Odata copt, lasam prajitura sa se raceasca putin.
d) Într-un castron, amestecați laptele condensat îndulcit, lichiorul de smântână irlandez și smântâna grea pentru a crea amestecul Tres leches.
e) În timp ce prăjitura este încă caldă, fă găuri peste tot folosind o furculiță sau o frigărui. Turnați încet amestecul de Tres leches peste tort, lăsându-l să se infiltreze în găuri. Dam prajitura la frigider pentru cel putin 2 ore sau pana se raceste bine.
f) Într-un alt castron, bateți smântâna pentru frișcă groasă, zahărul pudră și vanilia până se formează vârfuri tari. Întindeți frișca peste prăjitura răcită.
g) Ornați tortul cu un baton de copt de ciocolată neagră ras.
h) Tăiați și serviți acest delicios Tort Catifea rosie Tres Leches pentru a vă bucura de aromele bogate și decadente!

59.Rulă de tort cu trestie de bomboane

INGREDIENTE:
Pentru tort:
- 1 cană de făină universală
- 1 lingurita crema de tarter
- ½ linguriță de praf de copt
- 1 cană zahăr granulat
- 3 ouă mari
- ⅓ cană apă
- ½ linguriță colorant alimentar roșu
- ¼ cană de zahăr pudră pentru pudrat

PENTRU Umplutura:
- 2 căni de zahăr pudră
- 1 cană unt, înmuiat
- 1 lingurita extract de menta

PENTRU TOPING:
- ½ cană de zahăr pudră
- 1 lingura de lapte
- 2 bastoane de bomboane, zdrobite

INSTRUCȚIUNI:

a) Preîncălziți cuptorul la 375°F. Tapetați o tavă cu rulouri de jeleu de 10 × 15 inci cu hârtie de pergament sau ceară.
b) Într-un castron mare, amestecați făina, crema de tartru, praful de copt și zahărul granulat.
c) Într-un castron mediu separat, bateți ouăle și apa împreună la mare putere până când sunt ușor și aerisite; aproximativ cinci minute.
d) Îndoiți ușor amestecul de ouă în ingrediente uscate până când se combină. Nu amestecați în exces. Împărțiți aluatul în două boluri separate. Vopsește o jumătate de roșu.
e) Turnați un aluat pe o parte a tigaii pregătite. Turnați cealaltă jumătate pe cealaltă parte (astfel încât să fie una lângă alta). Coaceți timp de 10 până la 12 minute sau până când partea albă este maro-aurie.
f) În timp ce prăjitura se coace, întindeți un prosop curat de bucătărie. Pudrați uniform cu ¼ de cană de zahăr pudră pentru a vă asigura că tortul nu se lipește de prosop.
g) Cand prajitura s-a copt, intoarceti-l imediat pe prosop si indepartati usor hartia de pergament. Rulați tortul în prosop. Lasati tortul sa se odihneasca si sa se raceasca pe blat timp de una-doua ore.
h) Pentru umplutură: Bateți zahărul pudră și untul înmuiat până se combină și devine cremos. Amestecați extractul de mentă. Derulați tortul odată ce s-a răcit complet și înghețați cu umplutura. Rulați tortul înapoi (fără prosopul) cât de strâns puteți. Acoperiți tortul cu folie de plastic și puneți-l la frigider pentru cel puțin o oră înainte de servire.
i) Pentru topping: Când este gata de servire, desfaceți tortul din folie de plastic și puneți-l pe un platou de servire sau o farfurie mare. Se amestecă zahărul pudră și laptele. Se toarnă uniform peste tort, apoi se adaugă cu bastoane de bomboane zdrobite.
j) Tăiați și serviți!

60. Brioses cu piñata

INGREDIENTE:
brioses:
- 2 batoane unt (temperatura camerei)
- 1 cană de zahăr
- 2 lingurite de vanilie
- 1 cană de făină
- ½ lingurita Sare
- 1 lingurita Praf de copt

GLAZURĂ:
- 1 Lămâie
- 2 batoane Unt
- 16 uncii de zahăr pudră
- 2-3 linguri lapte
- 4 linguri Dulceata de zmeura
- 2-4 picături de colorant alimentar roşu
- 10 uncii Skittles America Mix Bomboane

INSTRUCȚIUNI:
brioses:
a) Preîncălziți cuptorul la 350°F. Cremăm untul și zahărul cu un mixer de mână până devine ușor și pufos.
b) Adăugați pe rând vanilia și ouăle. Într-un castron separat, amestecați făina, sarea și praful de copt.
c) Adăugați încet ingredientele uscate în amestecul de unt, amestecând bine până se încorporează complet.
d) Umpleți tavile tapetate pentru briose la ¾ din timp și coaceți timp de 18-22 de minute. Lăsați-le să se răcească complet.

GLAZURĂ:
e) Curata coaja de lamaie si pune-o deoparte. Cerneți zahărul pudră într-un bol de amestecare.
f) Folosind un mixer manual, cremă untul până la omogenizare. Adăugați treptat zahăr pudră, câte ½ cană o dată, asigurând amestecarea temeinică înainte de fiecare adăugare.
g) Încorporați dulceața de zmeură, coaja de lămâie, laptele și colorantul alimentar.
h) Pentru a asambla, tăiați o bucată de 1 inch din centrul fiecărui briose (păstrați capacul). Umpleți fiecare cavitate cu ¼ de cană de bomboane Skittles și puneți capacul.
i) Înghețați brioses și decorați-le cu Skittles suplimentare.
j) Aceste brioses cu piñata promit o explozie de bucurie la fiecare mușcătură, făcându-le o senzație dulce la oorez sărbătoare.

61.Prăjituri de ciocolată cu căpșuni

INGREDIENTE:
- ¼ cană zahăr
- 1 lingura amidon de porumb
- Sare
- 2 linguri de apa
- ½ cană căpșuni zdrobite
- 1 picătură de colorant alimentar roșu, opțional
- 2 pandișpan rotund individual
- ⅔ cană de căpșuni proaspete feliate
- ⅓ cană de topping bătut
- 1 lingura sirop de ciocolata, optional

INSTRUCȚIUNI:
a) Amestecă sare, amidon de porumb și zahăr într-o cratiță mică. Se amestecă căpșunile zdrobite și apa.
b) A fierbe; se lasa sa fiarba si se amesteca un minut pana se ingroasa. Pune colorant alimentar dacă se dorește.
c) Pe o farfurie de servire, puneți pandișpan.
d) Pune sirop de ciocolata, topping batut, capsuni feliate si sos de capsuni daca se doreste.

62. Prăjitură cu biscuiți cu zahăr

INGREDIENTE:

- 2 linguri înlocuitor de ou
- 2 linguri de unt, înmuiat
- ⅓ cană făină
- 3 linguri de zahar
- 1 lingurita de vanilie
- 3 linguri rumchata
- 2 linguri de stropi de curcubeu
- 1 cană de zahăr pudră
- 2-3 picături de colorant alimentar roz sau roșu

INSTRUCȚIUNI:

a) Într-un castron, amestecați înlocuitorul de ou, untul, făina, zahărul, vanilia, 2 linguri de rumchata și 1 lingură de stropi de curcubeu.

b) Puneți într-o cană suplimentară.

c) Puneți la microunde timp de 60 de secunde, ștergeți oricare dintre aluatul care a făcut bule peste margine, apoi întoarceți-vă la cuptorul cu microunde pentru încă 30 de secunde.

d) Scoateți tortul și puneți-l la frigider.

e) În timp ce se răcește, amestecați zahărul pudră, 1 lingură de rumchata și colorantul alimentar.

f) Stropiți peste tortul ușor cald.

63. Macarons cu trandafiri și zmeură

INGREDIENTE:
PENTRU COCHILE DE MACARON:
- 250 de grame Aquafaba (lichid din conserve de năut)
- ⅛ lingurita de crema de tartru
- Vârf de cuțit de sare
- 150 de grame de migdale măcinate
- 130 de grame de zahăr pudră pur
- 110 grame de zahăr tos/superfin
- O picătură de colorant alimentar roșu vegan
- Câteva picături de extract de trandafir organic

PENTRU CREMA DE UNT DE TRANDAFIRI DE ZMEURA:
- 125 de grame de înlocuitor de unt vegan
- 55 de grame de zahăr pudră
- Câteva picături de extract de trandafir organic
- Câteva picături de colorant alimentar roșu vegan
- 25 de zmeură

IN PLUS:
- Saci cu un vârf rotund atașat
- Covoare Silpat sau hârtie de copt din silicon
- Tavi de copt
- Sticlă de pulverizare umplută cu apă

INSTRUCȚIUNI:

a) Cu o seară înainte de a face macarons, pregătește-ți Aquafaba. Într-o cratiță mică, fierbeți 250 de grame de Aquafaba până când scade la 110 de grame. Se toarnă într-un bol să se răcească și se dă la frigider peste noapte.

b) Coji de Macaron: Procesați migdalele măcinate și zahărul pudră într-un robot de bucătărie, apoi cerneți într-un castron pentru a îndepărta oorez cocoloașe. Pus deoparte.

c) Într-un mixer cu batătoare curate, bateți Aquafaba, crema de tartru și sarea la mare putere până devine spumoasă și seamănă cu albușurile spumate. Asigurați-vă că nu a mai rămas lichid în fundul vasului.

d) Adăugați treptat zahăr tos în timp ce mixerul este pornit. Adăugați colorantul alimentar roșu vegan și extractul organic de trandafir și continuați să amestecați până când obțineți o bezea groasă și lucioasă.

e) Îndoiți ușor jumătate din amestecul de migdale/zahăr pudră în bezea cu o spatulă. Adăugați a doua jumătate și continuați să pliați până când amestecul seamănă cu lava groasă. Evitați amestecarea excesivă.

f) Umpleți o pungă prevăzută cu o duză rotundă cu amestecul de macaron și plasați rondele de 2 inci pe un covoraș tapetat cu hârtie de copt Silpat sau silicon. Este posibil să aveți nevoie de 3 sau 4 tăvi pentru a ține toate cojile de macaron.

g) Bat tăvile pe blat pentru a elimina bulele de aer, apoi lăsați tăvile să se odihnească într-o zonă răcoroasă timp de 2-3 ore până când cojile devin mate și nu mai sunt lipicioase.

h) Preîncălziți cuptorul la 120 de grade Celsius. Coaceți fiecare tavă de macarons individual timp de 28-30 de minute fără a deschide ușa cuptorului între ele. După coacere, lăsați macarons-urile la cuptor încă 15 minute, apoi răciți bine înainte de a le desprinde de pe hârtia Silpat/Silicone.

i) Cremă de unt cu trandafiri și zmeură: într-un mixer cu stand, amestecați untul vegan cu zahăr pudră, extract organic de trandafiri și colorant alimentar roșu vegan până devine pufos. Transferați într-o pungă prevăzută cu o duză rotundă.

j) Spălați și uscați zmeura și lăsați-o deoparte.

ASAMBLARE:

k) Puneți macarons-urile cu partea rotunjită în jos pe blatul de bucătărie. Pulverizați ușor fundul macarons-urilor cu apă și lăsați-le să stea 5 minute înainte de a le umple.

l) Așezați un inel de cremă de unt în jurul bazei unui macaron și puneți o zmeură întreagă în centru. Sandwich cu o altă coajă de macaron și repetați până când toate cojile sunt umplute.

m) Puneți macarons într-o cutie și puneți la frigider peste noapte, ideal pentru 2 nopți, pentru a le permite să se maturizeze și să obțină textura potrivită.

n) Macaronurile se servesc cel mai bine la temperatura camerei sau 10 minute din frigider, nu direct din frigider.

64. Brioses Catifea rosie

INGREDIENTE:
- 2 albusuri
- 2 cani de amestec de prajitura de catifea rosie
- 1 cană amestec de tort de ciocolată
- ¼ cană tinctură infuzată cu canabis
- 1 pungă de 12 uncii cu chipsuri de ciocolată
- 1 cutie de 12 uncii sifon de lămâie-lamaie
- 1 cană de 12 uncii cu glazură de smântână

INSTRUCȚIUNI:
a) Preîncălziți cuptorul la 350°F.
b) Tapetați o tavă de brioșe cu pahare de hârtie de copt.
c) Combinați albușurile, amestecurile de prăjituri , tinctura , fulgii de ciocolată și sifonul într-un castron mare.
d) Se amestecă bine până se formează un aluat omogen.
e) Turnați aluatul în pahare de copt.
f) Coaceți timp de 20 de minute.
g) Lăsați brioses să se răcească înainte de a îngheța.

65.Tort cu gheață Catifea rosie

INGREDIENTE:
Pentru tort:
- 2 1/2 căni de făină universală
- 1 1/2 cană de zahăr granulat
- 1 lingurita de bicarbonat de sodiu
- 1 lingurita sare
- 1 lingurita cacao pudra
- 1 1/2 cană ulei vegetal
- 1 cană de zară, la temperatura camerei
- 2 ouă mari, la temperatura camerei
- 2 linguri colorant alimentar rosu
- 1 lingurita extract de vanilie
- 1 lingurita otet alb

PENTRU GLAURA DE BRÂNZĂ:
- 16 uncii cremă de brânză, înmuiată
- 1/2 cană unt nesărat, înmuiat
- 4 căni de zahăr pudră
- 1 lingurita extract de vanilie

INSTRUCȚIUNI:

a) Preîncălziți cuptorul la 350°F (175°C). Ungeți și făinați două forme rotunde de 9 inci pentru tort.
b) Într-un castron mare, cerne împreună făina, zahărul, bicarbonatul de sodiu, sarea și pudra de cacao.
c) Într-un alt castron, amestecați uleiul vegetal, zara, ouăle, colorantul alimentar roșu, extractul de vanilie și oțetul alb până se combină bine.
d) Adăugați treptat ingredientele umede la ingredientele uscate, amestecând până când se omogenizează și se combină bine.
e) Împărțiți aluatul uniform între formele de tort pregătite.
f) Coacem in cuptorul preincalzit 25-30 de minute, sau pana cand o scobitoare introdusa in centrul prajiturii iese curata.
g) Scoateți prăjiturile din cuptor și lăsați-le să se răcească în tavă timp de 10 minute înainte de a le transfera pe un grătar pentru a se răci complet.
h) În timp ce prăjiturile se răcesc, pregătiți glazura cu cremă de brânză. Într-un castron mare, bateți crema de brânză și untul până devine omogen și cremos. Adăugați treptat zahărul pudră și extractul de vanilie, batând până devine omogen și pufos.
i) Odată ce prăjiturile s-au răcit complet, așezați un strat de prăjitură pe o farfurie de servire. Întindeți deasupra un strat de glazură cu cremă de brânză.
j) Așezați al doilea strat de prăjitură deasupra și înghețați partea superioară și părțile laterale ale tortului cu glazura rămasă cu cremă de brânză.
k) Decorați tortul după cum doriți.
l) Răciți prăjitura la frigider pentru cel puțin 30 de minute înainte de servire pentru a permite glazura să se întărească.
m) Tăiați și serviți.

66. Sufleu de căpșuni

INGREDIENTE:
- 18 uncii de căpșuni proaspete, curățate și făcute piure
- ⅓ cană miere crudă
- 5 albusuri bio
- 4 lingurite limonada roz

INSTRUCȚIUNI:
a) Preîncălziți cuptorul la 350 °F.
b) Într-un castron, combina piureul de căpșuni, mierea, 2 albușuri și limonada roz.
c) Pulsați folosind un blender de mână până devine pufos și ușor.
d) Într-un alt castron, bateți albușurile rămase până devin pufoase.
e) Amestecați mierea rămasă .
f) Amesteca usor albusurile in amestecul de capsuni.
g) Transferați amestecul uniform în 6 rame și pe o tavă de copt.
h) Gatiti aproximativ 10-12 minute.
i) Scoateți din cuptor și serviți imediat.

67. Tort Catifea rosie

INGREDIENTE:
- 2½ căni de făină universală
- 2 lingurite pudra de cacao neindulcita
- 1 lingurita sare kosher
- 1 lingurita de bicarbonat de sodiu
- 2 oua, la temperatura camerei
- 1½ cană de zahăr granulat
- 1½ cani de ulei vegetal
- 1 cană de zară, la temperatura camerei
- 1½ linguriță extract de vanilie
- 1 lingurita otet alb distilat
- 1 uncie colorant alimentar roșu

PENTRU GLAURA:
- 16 uncii cremă de brânză, înmuiată
- 1 cană unt nesărat, înmuiat
- 8 cani de zahar pudra
- 1 lingura lapte integral
- 2 lingurite extract de vanilie

INSTRUCȚIUNI:

a) Preîncălziți cuptorul la 325 de grade F. Pulverizați două tavi de tort de 9 inci cu spray de copt sau ungeți-le și făinându-le.
b) Într-un castron mare, combinați făina, pudra de cacao, sarea și bicarbonatul de sodiu și cerneți sau amestecați împreună.
c) Într-un castron mediu, spargeți ouăle și bateți-le cu telul. Turnați zahărul, uleiul, zara și vanilia în bol și amestecați folosind un mixer portabil la viteză mică până când totul devine frumos și cremos.
d) Combinați încet ingredientele umede cu ingredientele uscate în bolul mare.
e) Adăugați oțetul și colorantul alimentar roșu. Pliați până când aluatul de tort este roșu și nu există dungi.
f) Turnați o cantitate egală de aluat de prăjitură în fiecare tavă de tort. Agitați și bateți tigăile pentru a elibera oorez bule de aer, apoi lăsați să stea timp de 5 minute. Coaceți prăjiturile timp de 25 până la 30 de minute. Scoateți prăjiturile din tavă și așezați-le pe gratele de răcire.
g) În timp ce prăjiturile se răcesc, faceți glazura. Într-un castron mare, combinați crema de brânză și untul.
h) Cremă cele două ingrediente împreună cu un mixer portabil, apoi adaugă încet zahărul pudră câte 1 cană odată.
i) Adăugați laptele și vanilia și amestecați până când glazura este plăcută și cremoasă. Odată ce prăjiturile s-au răcit complet, înghețați-le.

68. Prajituri cu chipsuri de ciocolata Catifea rosie

INGREDIENTE:
- 1½ cani de faina universala
- ¼ cană pudră de cacao
- 1 lingurita de bicarbonat de sodiu
- ¼ linguriță sare de mare
- ½ cană unt nesărat, la temperatura camerei
- ½ cană zahăr brun
- ½ cană
- 1 ou, la temperatura camerei
- 1 lingura lapte/zap/iaurt natural
- 2 lingurite extract de vanilie
- ½ linguriță de gel colorant alimentar roşu
- 1 cană chipsuri de ciocolată albă sau neagră

INSTRUCȚIUNI:

a) Într-un castron mare, amestecați făina, pudra de cacao, bicarbonatul de sodiu și sarea, apoi lăsați deoparte.
b) Folosind un mixer portabil sau cu stand, bateți untul, zahărul brun și zahărul granulat la viteză mare până devine cremos timp de aproximativ 1-2 minute.
c) Apoi, adăugați oul, laptele, extractul de vanilie și colorantul alimentar, apoi bateți până se combină bine, apoi opriți mixerul.
d) Adăugați ingredientele uscate la ingredientele umede.
e) Dați mixerul la viteză mică și bateți încet până se formează un aluat foarte moale.
f) În cazul în care trebuie să adăugați mai mult colorant alimentar, nu ezitați să faceți acest lucru în acest moment.
g) La sfârșit, adăugați fulgii de ciocolată și bateți-le.
h) Acoperiți aluatul cu folie de plastic și lăsați-l să se răcească la frigider pentru cel puțin 2 ore sau peste noapte.
i) Odată răcit, lăsați aluatul să stea la temperatura camerei timp de cel puțin 15 minute înainte de a-l rula în bile și de a-l coace, deoarece aluatul se va fi întărit.
j) Preîncălziți cuptorul la 180°C.
k) Tapetați două tăvi mari de copt cu hârtie de copt sau covorașe din silicon. Pus deoparte.
l) Folosind o lingură, scoateți o grămadă de aluat de prăjituri și rulați-o într-o bilă.
m) Aranjați-le pe tăvile de copt tapetate cu hârtie de copt apoi coaceți 11-13 minute.
n) Coaceți în loturi.
o) Mai adaugă câteva fulgi de ciocolată peste prăjiturile calde.

69. Vafa cu înghețată Catifea rosie

INGREDIENTE:
- 1¾ cani de faina universala
- ¼ cană cacao neîndulcită
- 1 lingurita de bicarbonat de sodiu
- 1 lingurita sare
- 1 cană ulei de canola
- 1 cană zahăr granulat
- 1 ou mare
- 3 linguri colorant alimentar rosu
- 1 lingurita extract pur de vanilie
- 1½ linguriță de oțet alb distilat
- ½ cană de zară
- Spray de gătit antiaderent
- 1½ litru de înghețată de vanilie
- 2 cesti mini chipsuri de ciocolata semidulce

INSTRUCȚIUNI:
a) Preîncălziți fierul de vafe la mediu.
b) Într-un castron de mărime medie, amestecați făina, cacao, bicarbonatul de sodiu și sarea. Pus deoparte.
c) În bolul unui mixer cu stand sau cu un mixer manual electric într-un castron mare, bate uleiul și zahărul la viteză medie până se omogenizează bine. Se bate oul. Coborâți mixerul la minim și adăugați încet colorantul alimentar și vanilia.
d) Se amestecă oțetul și zara. Adăugați jumătate din acest amestec de zară în vasul mare cu ulei, zahăr și ou. Se amestecă, apoi se adaugă jumătate din amestecul de făină.
e) Răzuiți castronul și amestecați doar cât să vă asigurați că nu există făină neamestecată.
f) Adăugați restul amestecului de zară, amestecați pentru a se combina și apoi adăugați ultimul amestec de făină.
g) Amestecați din nou, doar cât să vă asigurați că nu există făină neamestecată.
h) Acoperiți ambele părți ale grilei de fier de vafe cu spray antiaderent. Turnați suficient aluat în fierul de vafe pentru a

acoperi grătarul, închideți capacul și gătiți până când vafele sunt suficient de tari pentru a fi îndepărtate din fierul de vafe, 4 minute.

i) Lăsați vafele să se răcească ușor pe un grătar. Folosiți foarfece de bucătărie sau un cuțit ascuțit pentru a separa vafele în bucăți.
j) Repetați pentru a face un total de 16 secțiuni.
k) În timp ce secțiunile de vafe se răcesc, puneți înghețata pe blat să se înmoaie timp de 10 minute.
l) După ce înghețata s-a înmuiat, așezați jumătate din secțiunile de vafe și folosiți o spatulă pentru a întinde înghețata cu o grosime de aproximativ 1 inch pe fiecare dintre ele.
m) Acoperiți cu secțiunile rămase pentru a face 8 sandvișuri. Îndepărtați oorez exces de înghețată cu o spatulă de cauciuc pentru a curăța marginile.
n) Apoi înmuiați marginile înghețatei într-un castron sau într-un vas de mică adâncime umplut cu mini chipsuri de ciocolată.
o) Înfășurați fiecare sandviș strâns în folie de plastic, puneți-l într-o pungă cu fermoar și puneți punga în congelator timp de cel puțin 1 oră pentru a permite înghețatei să se întărească.
p) Scoateți un sandviș cu câteva minute înainte de servire pentru a-l lăsa să se înmoaie ușor.

70.Mini Prajitura cu branzas Catifea rosie

INGREDIENTE:
STRAT DE COOKIE CATIFEA ROSIE
- 1 cană și ½ + 1 lingură făină universală
- ¼ cană pudră de cacao neîndulcită
- 1 lingurita de bicarbonat de sodiu
- ¼ lingurita sare
- ½ cană de unt nesărat înmuiat la temperatura camerei
- ¾ cană de zahăr brun deschis sau închis la pachet
- ¼ cană zahăr granulat
- 1 ou, la temperatura camerei
- 1 lingura de lapte
- 2 lingurite extract pur de vanilie
- 1 lingura colorant alimentar rosu

STRAT DE BRÂNZĂ
- 12 uncii cremă de brânză, înmuiată la temperatura camerei
- 2 linguri iaurt
- ⅓ cană zahăr granulat
- 1 ou mare, la temperatura camerei
- 1 lingurita extract pur de vanilie
- ½ cană mini sau obișnuite chipsuri de ciocolată semidulce

INSTRUCȚIUNI:
a) Preîncălziți cuptorul la 350°F.
b) Tapetați două tavi de brioșe de 12 conturi cu căptușeală pentru briose. Pus deoparte.
c) Faceți stratul de prăjituri de catifea roșie: amestecați făina, pudra de cacao, bicarbonatul de sodiu și sarea împreună într-un castron mare. Pus deoparte.
d) Folosind un mixer portabil sau pe suport cu un atașament cu paletă, bateți untul la viteză mare până devine cremos, aproximativ 1 minut.
e) Răzuiți părțile laterale și fundul vasului după cum este necesar.
f) Treceți mixerul la viteză medie și adăugați zahărul brun și zahărul granulat până se combină.
g) Bateți oul, laptele și extractul de vanilie, răzuind părțile laterale și fundul bolului după cum este necesar.

h) Odată amestecat, adăugați colorantul alimentar și bateți până se omogenizează.
i) Opriți mixerul și turnați ingredientele uscate în ingredientele umede. Dați mixerul la foc mic și bateți încet până se formează un aluat foarte moale.
j) Incorporați mai mult colorant alimentar dacă doriți ca aluatul să fie mai roșu. Aluatul va fi lipicios.
k) Apăsați 1 lingură mică de aluat de prăjituri în partea de jos a fiecărei căptușeală de brioșe. Spun „scar" pentru că altfel nu veți avea suficient cât să faceți 22-24 de mini Prajitura cu branza. Coaceți fiecare lot timp de 8 minute pentru a coace în prealabil crusta înainte de a stratifica Prajitura cu branza-ul deasupra.
l) Faceți stratul de Prajitura cu branza: folosind un mixer portabil sau pe suport cu un atașament cu paletă, bateți crema de brânză la foc mediu-mare până la omogenizare completă.
m) Adăugați iaurtul și zahărul, bătând la mare până se omogenizează.
n) Adăugați oul și vanilia și bateți la foc mediu până se combină.
o) Încorporați ușor fulgii de ciocolată. Puneți 1 lingură de aluat de Prajitura cu branza deasupra prăjiturii precoapte, întindeți-l pentru a vă asigura că acoperă complet fursecul.
p) Puneți mini Prajitura cu branza-urile la cuptor și continuați să coaceți încă aproximativ 20 de minute.
q) Acoperiți cupele cu folie de aluminiu dacă blaturile devin prea maronii prea devreme.
r) Se lasă să se răcească 30 de minute pe blat, apoi la frigider pentru încă 1,5 ore.
s) Cupele pentru prăjituri rămân proaspete și acoperite la temperatura camerei timp de 12-24 de ore, apoi trebuie lăsate la frigider până la încă 3 zile.

71.Briose cu cremă de brânză Catifea rosie

INGREDIENTE:
TOPPING DE FIRIMĂ
- ½ cană zahăr granulat
- ¼ cană făină universală
- 2 linguri de unt nesarat

AMESTEC DE CREMA DE BRRANZA
- 4 uncii de cremă de brânză înmuiată
- ¼ cană zahăr granulat
- ½ linguriță extract de vanilie

Brioșe
- 1 ¼ cană făină universală
- ½ cană zahăr granulat
- 2 lingurite praf de copt
- ½ linguriță sare
- 1 ou mare
- ½ cană ulei vegetal
- ⅓ cană lapte
- 2 linguri pudra de cacao neindulcita
- 2 lingurițe colorant alimentar roșu

INSTRUCȚIUNI:
a) Preîncălziți cuptorul la 375 ° F.
b) Pregătiți tava pentru brioșe căptușind-o cu căptușeală sau pulverizând-o cu spray de gătit antiaderent.

TOPPING DE FIRIMĂ
c) Într-un castron mediu, adăugați făina, zahărul și untul. Cu ajutorul unei furculițe, tăiați untul până când obțineți firimituri grosiere.

AMESTEC DE CREMA DE BRRANZA
d) Într-un alt castron, cremă împreună cremă de brânză, zahăr și vanilie până se omogenizează.

Brioșe
e) În vasul unui mixer cu stand, adăugați făina, praful de copt și sarea și amestecați pentru a se combina.
f) Adăugați oul, uleiul, laptele, pudra de cacao și colorantul alimentar roșu și amestecați până când se încorporează.
g) Îndoiți amestecul de cremă de brânză în aluatul de brioșe, având grijă să nu amestecați prea mult.
h) Puneți aluatul în brioșele pregătite, umplându-le fiecare aproximativ ⅔.
i) Presărați uniform toppingul pesmet peste fiecare brioșă.
j) Coaceți la 375° F timp de 17-19 minute sau până când scobitoarea introdusă în centru iese curată.
k) Lăsați brioșele să se răcească în tavă timp de aproximativ 10 minute, apoi transferați-le pe un gratar pentru a se răci complet.

72.Tarta Catifea rosie cu Zmeura

INGREDIENTE:
- 1 foaie de aluat de plăcintă la frigider
- 1 albus mare, batut usor
- ¼ cană gem de zmeură fără semințe
- ⅔ cană de unt înmuiat
- ¾ cană zahăr
- 3 ouă mari
- 1 galbenus de ou mare
- 1 lingura de cacao la copt
- 2 lingurite colorant alimentar pasta rosie
- 1 cană migdale măcinate
- Glazură

INSTRUCȚIUNI:
a) Preîncălziți cuptorul la 350°. Desfășurați foaia de aluat într-o formă de 9 inchi. tava de tarta canelata cu fund detasabil; tăiați chiar și cu janta. Congelați timp de 10 minute.

b) Tapetați aluatul cu o folie dublă de grosime. Umpleți cu greutăți pentru plăcintă, fasole uscată sau orez nefiert. Coaceți 12-15 minute sau până când marginile sunt aurii.

c) Îndepărtați folia și greutățile; ungeți fundul crustei cu albuș. Coaceți 6-8 minute mai mult sau până când se rumenesc. Se răcește pe un grătar.

d) Întindeți dulceața peste fundul crustei. Într-un bol, cremă untul și zahărul până devine ușor și pufos. Bateți treptat ouăle, gălbenușul de ou, cacao și colorantul alimentar. Încorporați migdalele măcinate. Se intinde peste dulceata.

e) Coaceți timp de 30-35 de minute sau până când umplutura este fixată. Se răcește complet pe un grătar.

f) Într-un castron mic, amestecați zahărul de cdeetă și apa și extrageți până se omogenizează; stropiți sau pipăiți peste tartă. Pune resturile la frigider.

73. Sufleuri de catifea roșie

INGREDIENTE:
- 1 lingura de unt
- 3 linguri de zahar granulat
- Baton de copt de 4 uncii de ciocolată amăruie, tocat
- 5 ouă mari, separate
- ⅓ cană zahăr granulat
- 3 linguri lapte
- 1 lingura colorant alimentar lichid rosu
- 1 lingurita extract de vanilie
- Vârf de cuțit de sare
- 2 linguri de zahar granulat
- Zahăr pudră
- Smântână bătută

INSTRUCȚIUNI:
a) Preîncălziți cuptorul la 350°.
b) Ungeți fundul și părțile laterale ale ramekinelor cu unt.
c) Ungeți ușor cu 3 linguri de zahăr, scuturând excesul. Așezați pe o foaie de copt.
d) Puneți ciocolata la microunde într-un castron mare, care poate fi utilizat în cuptorul cu microunde, la MAX, timp de 1 minut până la 1 minut și 15 secunde sau până se topește, amestecând la intervale de 30 de secunde.
e) Se amestecă 4 gălbenușuri de ou, ⅓ cană de zahăr și următoarele 3 ingrediente.
f) Bateți 5 albușuri spumă și sarea la viteză mare cu un mixer electric puternic până devine spumos.
g) Adăugați treptat 2 linguri de zahăr, bătând până se formează vârfuri tari.
h) Îndoiți amestecul de albușuri în amestecul de ciocolată, câte o treime.
i) Se pune în ramekins pregătite.
j) Treceți vârful degetului mare în jurul marginilor ramekinelor, ștergând și creând o adâncime mică în jurul marginilor amestecului.
k) Coaceți la 350° timp de 20 până la 24 de minute sau până când sufleurile cresc și se întăresc.
l) Pudrați cu zahăr pudră; se serveste imediat cu Frisca Batuta.

74. Biscuiți cu amprentă roșie de catifea umpluți cu ciocolată albă

INGREDIENTE:
- 1 1/4 cani de faina universala
- 1/4 cană pudră de cacao neîndulcită
- 1/2 lingurita praf de copt
- 1/4 lingurita sare
- 1/2 cană unt nesărat, înmuiat
- 2/3 cană zahăr granulat
- 1 ou mare
- 1 lingura de lapte
- 1 lingurita extract de vanilie
- Colorant alimentar roșu
- Ciocolata alba, topita (pentru umplutura)

INSTRUCȚIUNI:

a) Preîncălziți cuptorul la 350°F (175°C). Tapetați o foaie de copt cu hârtie de copt.

b) Într-un castron mediu, amestecați făina, pudra de cacao, praful de copt și sarea. Pus deoparte.

c) Într-un castron mare separat, bate untul și zahărul până devine ușor și pufos. Adăugați ou, lapte, extract de vanilie și colorant alimentar roșu. Se amestecă până se combină bine.

d) Adăugați treptat ingredientele uscate la ingredientele umede, amestecând până se formează un aluat.

e) Modelați aluatul în bile de 1 inch și puneți-le pe foaia de copt pregătită.

f) Faceți o adâncitură în centrul fiecărui fursec folosind degetul mare sau dosul unei lingurițe.

g) Coaceți timp de 10-12 minute, sau până când se fixează. Scoatem din cuptor si lasam sa se raceasca cateva minute.

h) Umpleți fiecare adâncime cu ciocolată albă topită.

i) Lăsați fursecurile să se răcească complet înainte de servire.

75. Tort de cafea Catifea rosie

INGREDIENTE:
- 2 căni de făină universală
- 1 cană zahăr granulat
- 1/2 cană unt nesărat, înmuiat
- 1/2 cană smântână
- 2 oua
- 1/4 cană pudră de cacao
- 1 lingurita praf de copt
- 1/2 lingurita de bicarbonat de sodiu
- 1/2 lingurita sare
- 1/2 cană lapte (sau alternativă fără lapte)
- 1 lingurita extract de vanilie
- Colorant alimentar roșu (după cum doriți)
- 1/2 cană chipsuri de ciocolată (opțional)

INSTRUCȚIUNI:
a) Preîncălziți cuptorul la 350°F (175°C). Ungeți o tavă de copt.
b) Într-un castron mare, cremă untul înmuiat și zahărul granulat până devine ușor și pufos.
c) Adăugați ouăle, pe rând, amestecând bine după fiecare adăugare.
d) Se amestecă smântâna și extractul de vanilie până se combină bine.
e) Într-un castron separat, amestecați făina, pudra de cacao, praful de copt, bicarbonatul de sodiu și sarea.
f) Adăugați treptat ingredientele uscate la ingredientele umede, alternând cu laptele și amestecând până se omogenizează.
g) Adăugați colorant alimentar roșu până când obțineți culoarea dorită, amestecând bine.
h) Încorporați fulgi de ciocolată, dacă folosiți.
i) Turnați aluatul în tava de copt pregătită, răspândindu-l uniform.
j) Coacem in cuptorul preincalzit 35-40 de minute sau pana cand o scobitoare introdusa in centru iese curata.
k) Odată copt, se scoate din cuptor și se lasă să se răcească puțin înainte de servire. Bucurați-vă de prăjitura cu cafea Catifea rosie!

76. Catifea rosie Prajitura cu branza Mousse

INGREDIENTE:
- 6 uncii de brânză cremă înmuiată în stil bloc
- ½ cană smântână grea
- 2 linguri de smântână grăsime
- ⅓ cană de îndulcitor pudră cu conținut scăzut de carbohidrați
- 1 ½ linguriță Extract de vanilie
- 1 ½ linguriță pudră de cacao
- 1 linguriță colorant alimentar roșu natural
- Frisca grea batuta indulcita cu picaturi de stevie
- Așchii de ciocolată fără zahăr

INSTRUCȚIUNI:
a) Într-un castron mare cu un mixer electric de mână sau cu un mixer cu stand, adăugați cremă de brânză moale, smântână groasă, smântână, îndulcitor pudră și extract de vanilie.
b) Se amestecă la foc mic timp de un minut, apoi la mediu timp de câteva minute, până când este densă, cremoasă și bine combinată.
c) Adăugați pudră de cacao și amestecați la putere mare până se combină, răzuind partea cu o racletă de cauciuc pentru a amesteca bine.
d) Adăugați colorant roșu alimentar și amestecați până se omogenizează sau la consistența budincii.
e) Cu lingura sau folosiți o pungă de patiserie pentru a introduce mousse într-un pahar sau un castron mic pentru desert.
f) Se ornează cu o praf de frișcă fără zahăr și puțină ciocolată rasă fără zahăr opțional. Servi
g) Frișcă grea îndulcită cu picături de stevie, așchii de ciocolată fără zahăr

77.Catifea rosie-Boabe Cobbler

INGREDIENTE:
- 1 lingura amidon de porumb
- 1 ¼ cană de zahăr, împărțit
- 6 căni de fructe de pădure proaspete asortate
- ½ cană de unt înmuiat
- 2 ouă mari
- 2 linguri colorant alimentar lichid rosu
- 1 lingurita extract de vanilie
- 1 ¼ cană de făină universală
- 1 ½ lingurita cacao neindulcita
- ¼ lingurita sare
- ½ cană de zară
- 1 ½ linguriță de oțet alb
- ½ lingurita de bicarbonat de sodiu

INSTRUCȚIUNI:

a) Preîncălziți cuptorul la 350°. Amestecați amidonul de porumb și ½ cană de zahăr.

b) Aruncați fructele de pădure cu amestecul de amidon de porumb și puneți-le într-o tavă de copt de 11 x 7 inci ușor unsă.

c) Bateți untul la viteză medie cu un mixer electric până devine pufos; adăugați treptat restul de ¾ de cană de zahăr, batând bine.

d) Adăugați ouăle, câte unul, batând doar până se omogenizează după fiecare adăugare.

e) Se amestecă colorantul alimentar roșu și vanilia până se omogenizează.

f) Combinați făina, cacao și sarea. Amestecați zara, oțetul și bicarbonatul de sodiu într-o cană de măsurare cu 2 căni de lichid.

g) Adăugați amestecul de făină în amestecul de unt alternativ cu amestecul de zară, începând și terminând cu amestecul de făină.

h) Bateți la viteză mică până se omogenizează după fiecare adăugare.

i) Puneti aluatul peste amestecul de fructe de padure.

j) Coaceți la 350° timp de 45 până la 50 de minute sau până când o scobitoare de lemn introdusă în centrul garniturii de tort iese curată. Se răcește pe un grătar timp de 10 minute.

78. Tort cu fructe Catifea rosie

INGREDIENTE:
- 200 de grame Maida
- 220 de grame de zahăr pudră
- 1 lingura pudra de cacao
- 150 ml ulei vegetal
- 250 ml zară
- 1 lingurita Praf de copt
- ½ linguriță de bicarbonat de sodiu
- ¼ linguriță Sare
- ½ linguriță de oțet
- 1 lingură Esență de vanilie
- ½ cană smântână grea

PENTRU GARNITURA:
- Arta ciocolatei
- Kiwi și struguri
- Miere
- Pietre prețioase dulci

INSTRUCȚIUNI:

a) Intr-un castron adauga toate ingredientele uscate mentionate mai sus si cerne-le impreuna pentru a evita cocoloasele.
b) Acum, adăugați zara, uleiul vegetal, esența de vanilie și pasta de sfeclă roșie și amestecați bine pentru a obține un aluat fin.
c) La sfârșit, adăugați oțet și amestecați bine.
d) Luați 1 formă de tort de 6 inci și forma pentru brioșe ungeți-le cu ulei și pudrați-le cu Maida,
e) turnați aluatul în mod egal în ele.
f) Preîncălziți cuptorul cu microunde la 180°C timp de 10 minute. Coaceți-le într-un cuptor cu microunde preîncălzit timp de 20-25 de minute sau până la final, în funcție de fiecare cuptor cu microunde.
g) Bateți smântâna groasă timp de 3-4 minute și lăsați-o să se înghețe.
h) Tăiați kiwi și struguri.
i) După copt, lăsați-l să se răcească și demulați.
j) Aplicați frișcă pe ambele prăjituri și decorați-le cu pietre prețioase, ciocolată, fructe tocate și, în sfârșit, miere.

79.Biscuit Catifea rosie

INGREDIENTE:
- 2 căni de făină auto-crescătoare
- ½ lingurita crema de tartru
- ⅛ linguriță sare
- 1 lingura pudra de cacao neindulcita
- 2 linguri de zahar granulat
- ¾ cană zară rece
- ½ cană de unt rece nesărat mărunțit
- ¼ de cană de scurtătură vegetală cu aromă de unt
- 1 lingurita extract de vanilie
- ½ uncie colorant alimentar roșu

INSTRUCȚIUNI:
a) Combinați făina auto-crescătoare, sarea, pudra de cacao, zahărul și crema de tartru, într-un castron mare.
b) Cerneți sau amestecați ingredientele până se combină bine.
c) Adăugați toate ingredientele uscate în bolul mixerului.
d) Adăugați untul, shorteningul, zara și colorantul alimentar.
e) Porniți mixerul cu stand și lăsați ingredientele să se amestece la viteză medie, până se transformă în aluat roșu.
f) Odată ce aluatul s-a format, întindeți-l pe o suprafață plană ușor făinată cu un sucitor.
g) Tăiați biscuiții folosind un capac pentru conserve, un tăietor de biscuiți sau un tăietor de biscuiți.
h) Puneți biscuiții într-o tavă de copt.
i) Coaceți biscuiții la 400 F, timp de 12-15 minute.
j) Odată gata, ungeți sau frecați cu unt deasupra biscuiților cât sunt încă calde.

80. Macarons Catifea rosie

INGREDIENTE:
- ½ cană + 2 linguri făină fină de migdale, albită
- ½ cană de zahăr pudră
- 1 lingurita pudra de cacao neindulcita
- 2 albusuri mari
- un praf de crema de tartru
- ¼ cană + 1 linguriță zahăr granulat
- colorant alimentar în gel roșu
- Glazura cu crema de branza

INSTRUCȚIUNI:
a) Cerneți făina de migdale, zahărul pudră și pudra de cacao neîndulcită într-un castron mare și lăsați deoparte.
b) Adaugati albusurile in bolul mixerului cu un tel si amestecati la viteza medie pana ce suprafata albusurilor este acoperita cu bule mici.
c) Adăugați un praf de cremă de tartru și continuați să amestecați până ajungeți la stadiul de vârf moale.
d) Apoi, adăugați treptat zahărul granulat și amestecați la viteză medie timp de 30 de secunde. Măriți viteza de amestecare la o viteză medie-mare. Continuați să amestecați până când se formează vârfuri tari, lucioase.
e) Adăugați în acest moment colorantul alimentar în gel roșu. Se va amesteca în următorul pas.
f) Adăugați ingredientele uscate în bezea și pliați împreună cu mișcări circulare până când o panglică groasă de aluat curge de pe spatulă într-un flux continuu când este ridicată.
g) Turnați aluatul într-o pungă mare, prevăzută cu un vârf rotund de mărime medie, și trageți 1 ¼ inch rotund pe foile de copt pregătite, distanțandu-le la aproximativ 1 inch unul de celălalt.
h) Bateți ferm tigăile pe blat de câteva ori pentru a elibera bulele de aer, apoi trageți toate bulele de aer rămase care ies la suprafață cu o scobitoare sau un scrib.
i) Lăsați macarons-urile să se odihnească timp de 30 de minute, sau până când își dezvoltă pielea.

j) În timp ce macarons se odihnesc, preîncălziți cuptorul la 315 F / 157 C.
k) Coaceți câte o tavă cu macarons pe grătarul din mijloc al cuptorului timp de 15-18 minute și rotiți tava la jumătate.
l) Scoatem din cuptor si lasam macarons-urile sa se raceasca pe tava, aproximativ 15 minute, apoi le scoatem usor de pe covorasul silpat.
m) Îmbinați cojile, apoi puneți o cupă de cremă de brânză pentru glazura unei coji de macaron. Apăsați ușor o a doua coajă peste glazură pentru a crea un sandviș.
n) Dacă doriți, stropiți cu puțină ciocolată albă și zdrobiți două coji de macaron pentru a le folosi ca garnitură.
o) Puneți macarons-urile finite într-un recipient ermetic și lăsați-le la frigider peste noapte, apoi lăsați-le să se încălzească la temperatura camerei și bucurați-vă!

81.Éclairs de mentă

INGREDIENTE:
PENTRU PATE A CHOUX:
- ½ cană de unt nesărat
- 1 cană apă
- ¼ lingurita sare
- 1 cană de făină universală
- 4 ouă mari

PENTRU Umplutură cu mentă:
- ½ cană unt nesărat, înmuiat
- 4 uncii de brânză cremă, înmuiată
- ½ cană lapte condensat îndulcit
- 1 ½ cană de smântână groasă, rece
- 1 cană de zahăr de cdeetă (opțional)
- 1 lingurita de vanilie
- ¼ linguriță ulei de mentă

PENTRU GARNITURA:
- 1 ½ cani de ciocolata alba se topeste
- ½ cană de trestie de bomboane zdrobite
- Colorant alimentar roșu (opțional)

INSTRUCȚIUNI:
PENTRU PATE A CHOUX:
a) Preîncălziți cuptorul la 425F/218C și tapetați o foaie de copt cu hârtie de copt.
b) Într-o cratiță, se topește untul, se adaugă apa și sarea și se lasă la fiert.
c) Adaugati faina si amestecati pana se formeaza o bila de aluat. Se lasa sa se raceasca 20 de minute.
d) Adăugați treptat ouăle, pe rând, amestecând bine după fiecare adăugare.
e) Transferați aluatul într-o pungă de patiserie și puneți eclere de 4 până la 6 inci pe tava de copt.
f) Coaceți la 425F/218C timp de 10 minute, apoi reduceți căldura la 375F/190C și coaceți timp de 40-45 minute până devin aurii. Nu deschideți ușa cuptorului.

PENTRU UMPLURE:
g) Se bate untul moale și crema de brânză până se omogenizează.
h) Adăugați laptele condensat îndulcit și amestecați până devine cremos.
i) Adăugați smântână rece, vanilie și ulei de mentă. Se amestecă până se formează vârfuri tari.

MONTAREA ECLAIR-urilor:
j) Răciți complet eclerele și creați găuri pentru umplere.
k) Transferați umplutura într-o pungă de patiserie cu vârf de umplutură și umpleți eclerele până când cremă iese prin capete.
l) Pentru garnitură, înmuiați eclere în ciocolată albă topită, apoi presărați trestie de bomboane zdrobite.
m) Opțional, rezervați 1 cană de frișcă, adăugați colorant alimentar roșu și treceți peste eclere simple. Se ornează cu bastoane de bomboane zdrobite.
n) A se păstra la frigider dacă nu este consumată în câteva ore. Cel mai bine savurat in 2-3 zile.

82.Plăcintă din șifon cu guava

INGREDIENTE:
COAJĂ DE PATISĂ:
- 1 cană de făină
- ¼ lingurita Sare
- ¼ cană scurtare
- ¼ cană unt (rece)
- Apă rece (după nevoie)

UMPLERE:
- 1 Plic gelatină fără aromă
- 1 lingura suc de lamaie
- 4 ouă; separat
- 1 cană suc de guava
- ¾ cană de zahăr
- Câteva picături de colorant alimentar roşu
- ⅛ lingurita crema de tartru

TOPING:
- Frisca indulcita
- Felii de guava

INSTRUCȚIUNI:
COAJĂ DE PATISĂ:
a) Combinați făina și sarea. Tăiați în scurtătură și unt până când cocoloașele sunt de mărimea unui bob de mazăre.
b) Adăugați apă și amestecați până când amestecul este umezit. Apăsați într-o minge și lăsați-l la rece timp de 45 de minute.
c) Întindeți pe o placă înfăinată cu un sucitor bine înfăinat sau acoperit cu pată. Transferați cu grijă aluatul pe o farfurie de plăcintă de 9 inci. Pierce s-a terminat cu o furculiță.
d) Coaceți la 400 ° F timp de 15 minute. Misto.

UMPLERE:
e) Se inmoaie gelatina in zeama de lamaie si se pune deoparte.
f) Într-o cratiță, combinați gălbenușurile de ou, sucul de guava și ½ cană de zahăr. Adăugați câteva picături de colorant alimentar roșu.
g) Gatiti si amestcati la foc mediu pana cand amestecul se ingroasa.
h) Adăugați amestecul de gelatină și amestecați până se topește. Se răcește amestecul până ajunge la consistența albușurilor nebătute.
i) Bate albusurile spuma si crema de tartru pana se formeaza varfuri moi. Adăugați treptat ¼ de cană de zahăr și bateți până se formează vârfuri tari.
j) Încorporați amestecul de gelatină și turnați în coaja de patiserie coptă. Chill.

TOPING:
k) Acoperiți cu frișcă îndulcită.
l) Se ornează cu felii de guava.
m) Bucurați-vă de plăcintă răcoritoare cu guava și chiffon!

83.Tort Bundt Catifea rosie

INGREDIENTE:
- 1 ¼ cană ulei vegetal
- 1 cană de zară
- 2 oua
- 2 linguri colorant alimentar rosu
- 1 lingurita otet de mere
- 1 lingurita extract de vanilie
- 2 ½ căni de făină simplă
- 1 ¾ cană de zahăr tos
- 1 lingurita de bicarbonat de sodiu
- Putina sare
- 1 ½ linguriță pudră de cacao

Glazura cu crema de branza:
- 225 g (8 uncii) cremă de brânză, la temperatura camerei
- 5 linguri de unt nesarat
- 2 ½ căni de zahăr pudră
- 1 lingurita extract de vanilie

INSTRUCȚIUNI:
a) Preîncălziți cuptorul la 180 de grade C. Ungeți și făinați tava bundt.
b) Într-un mixer cu stand sau cu un mixer electric, combinați uleiul, zara, ouăle, colorantul alimentar, oțetul și vanilia. Amesteca bine.
c) Într-un castron separat, cerne ingredientele uscate. Adăugați treptat la ingredientele umede, bateți până la omogenizare.
d) Turnați aluatul în tava pregătită. Coaceți timp de 50 de minute sau până când o scobitoare iese curată.
e) Scoatem din cuptor si lasam sa stea 10 minute. Slăbiți încet părțile laterale și întoarceți-l pe un grătar pentru a se răci complet.
f) Odată ce se răcește, puneți deasupra glazura cu cremă de brânză.

PENTRU A FACE GLAZURA DE CREMĂ DE BRÂNZĂ:
g) Combinați untul și crema de brânză într-un mixer cu stand sau cu un mixer electric.
h) Adăugați treptat zahărul și vanilia la viteză mică pentru a se combina, apoi bateți la viteză mare timp de trei minute.

84.Plăcintă cu gheață Catifea rosie

INGREDIENTE:
- 2 căni de biscuiți cu napolitană de ciocolată zdrobită sau biscuiți graham de ciocolată
- ½ cană unt topit
- ¼ cană zahăr granulat
- Pachet de 12,2 uncii de prăjituri Catifea rosie Oreo
- 8 uncii de cremă de brânză, înmuiată
- Cutie de 3,4 uncii de amestec de budincă de Prajitura cu branza instant
- 2 căni de lapte integral sau jumătate și jumătate
- 8 uncii de topping congelat

INSTRUCȚIUNI:
a) Preîncălziți cuptorul la 375°F. Stropiți ușor o farfurie de plăcintă de 9 inci adâncime cu spray de gătit.
b) Într-un castron mic, amestecați firimiturile de biscuiți, untul și zahărul. Amestecați bine, apoi apăsați pe fundul și pe părțile laterale ale plăcii de plăcintă. Coaceți timp de 15 minute sau până când se fixează. Se răcește complet.
c) Rezervați 5 fursecuri întregi pentru ornat și puneți restul într-o pungă de plastic resigilabilă.
d) Zdrobiți fursecurile. Pus deoparte.
e) Într-un bol de amestecare de dimensiune medie, utilizați un mixer pentru a crea împreună crema de brânză, amestecul de budincă și laptele. Bateți 2-3 minute sau până când devine cremos, pufos și neted.
f) Îndoiți cu mâna topping-ul bătut și fursecurile zdrobite în umplutură. Se întinde în crusta răcită.
g) Decorați blatul cu topping-ul rămas și fursecuri întregi după cum doriți.
h) Se da la rece cel putin 4 ore inainte de servire.

85.Prajitura cu branza cu cireșe cu glazură roșie în oglindă

INGREDIENTE:
PENTRU CHEESECECE:
- 150 g cireșe, fără sâmburi, plus o cireșă întregă în plus pentru garnitură
- Suc de ½ lămâie
- 150 g zahăr tos
- 300 g ciocolată albă, ruptă în bucăți
- 600 g crema de branza Philadelphia, la temperatura camerei
- 300ml smantana dubla, la temperatura camerei
- 1 lingurita extract de vanilie

PENTRU BAZĂ:
- 75g unt nesarat, topit, plus extra pentru uns
- 175 g biscuiti digestivi

PENTRU GLAZURI:
- 4 frunze de gelatină de calitate platină (Dr. Oetker)
- 225 g zahăr tos
- 175 ml smantana dubla
- 100 g ciocolata alba, tocata marunt
- 1 lingurita gel colorant alimentar rosu

INSTRUCȚIUNI:
PREGĂTIREA CHEESECECEC-ului:
a) Ungeți ușor baza și părțile laterale ale unei forme arcuite de 20 cm. Desprindeți baza și puneți peste ea un cerc de hârtie de copt de 30 cm lățime.
b) Reatasați baza căptușită în tavă, asigurându-vă că excesul de hârtie se prelungește dedesubt pentru servire ușoară. Tapetați părțile laterale cu o fâșie de hârtie de copt.
c) Într-un robot de bucătărie, combinați cireșele, sucul de lămâie și 75 g de zahăr tos.
d) Amestecați până devine destul de omogen. Transferați amestecul într-o cratiță medie, aduceți la fierbere, apoi reduceți focul și fierbeți timp de 4-5 minute până când devine groasă și însiropată. Lăsați-l să se răcească complet.

CREAREA BAZEI:
e) Zdrobiți biscuiții digestivi într-un castron curat al robotului de bucătărie până seamănă cu pesmetul fin. Transferați într-un castron și amestecați untul topit.
f) Apăsați amestecul în tava pregătită pentru a crea o bază fermă și uniformă. Se da la frigider pentru cel putin 20 de minute.

PREGĂTIREA Umpluturii de Prajitura cu branza:
g) Topiți ciocolata albă într-un castron rezistent la căldură peste apă fiartă. Se lasă deoparte să se răcească la temperatura camerei cât încă se poate turna.
h) Într-un castron mare, bateți crema de brânză până la omogenizare. Adăugați smântâna, zahărul tos rămas și extractul de vanilie. Se bate până se îngroașă ușor. Încorporați ciocolata albă răcită.
i) Se toarnă jumătate din amestecul de cremă de brânză peste baza răcită. Peste ea se pune gemul de cireșe și se învârte în umplutură cu o frigărui. Turnați amestecul de brânză cu cremă rămasă peste gem, asigurându-vă că blatul este neted. Atingeți tava pentru a îndepărta bulele de aer și lăsați-l la frigider pentru cel puțin 4 ore până când se fixează.

Efectuarea glazurei din oglindă:
j) Înmuiați frunzele de gelatină într-un vas cu apă rece pentru câteva minute.

k) Într-o cratiță, amestecați zahărul și 120 ml de apă proaspăt fiartă. Se încălzește la foc ușor, amestecând până se dizolvă zahărul. Se aduce la fierbere și se fierbe timp de 2 minute. Se amestecă smântâna și se mai fierbe încă 2 minute. Se ia de pe foc, se stoarce excesul de apa din frunzele de gelatina inmuiate si se adauga in crema, amestecand pana se dizolva.
l) Lăsați amestecul de smântână să se răcească timp de 4-5 minute. Se amestecă ciocolata albă. Adăugați gelul colorant alimentar roșu și amestecați până se încorporează bine.
m) Se strecoară glazura printr-o sită într-un castron mare. Se lasa sa se raceasca 15-20 de minute pana la temperatura camerei, amestecand din cand in cand pentru a preveni formarea pielii. Glazura trebuie sa aiba o consistenta ca o crema dubla.

GLAZAREA CHEESECECEC-ului:
n) Scoateți cu grijă Prajitura cu branza-ul din formă, îndepărtați hârtia de copt și puneți-o pe un grătar cu o tavă dedesubt. Treceți un cuțit de paletă fierbinte peste suprafață pentru a o netezi, apoi turnați două treimi din glazura răcită peste ea pentru a o acoperi complet. Dă la frigider 10 minute pentru a se întări.
o) Dacă este necesar, încălziți glazura rămasă și cerneți-o din nou înainte de a aplica un al doilea strat pe Prajitura cu branza. Acoperiți cu o cireșă și dați la frigider pentru 5-10 minute până când se fixează. Serviți direct de pe suport sau transferați pe o farfurie folosind un cuțit de paletă sau un ridicător de tort. Bucurați-vă!

86. Tort cu sfeclă roșie

INGREDIENTE:
- 1 cană ulei Crisco
- ½ cană unt, topit
- 3 oua
- 2 cani de zahar
- 2½ cană de făină
- 2 lingurite scortisoara
- 2 lingurite de bicarbonat de sodiu
- 1 lingurita sare
- 2 lingurite de vanilie
- 1 cană de sfeclă Harvard
- ½ cană de brânză de vaci cremă
- 1 cană de ananas zdrobit, scurs
- 1 cana nuci tocate
- ½ cană nucă de cocos

INSTRUCȚIUNI:
a) Se amestecă uleiul, untul, ouăle și zahărul.
b) Adăugați făină, scorțișoară, sifon și sare.
c) Încorporați vanilie, sfeclă, brânză de vaci, ananas, nuci și nucă de cocos.
d) Se toarnă într-o tigaie de 9 x 13 inci.
e) Se coace la 350 pentru 40-45 de minute. Se serveste cu frisca.

87.Gratin de sfeclă

INGREDIENTE:
- 4 căni de sfeclă tăiată felii (atât roșii, cât și galbene), felii de ½ inch grosime
- 1 cană ceapă tăiată felii subțiri
- 2 căni pesmet condimentat
- 3 linguri de unt
- Ulei de măsline, pentru stropire
- Parmezan, pentru Presărat
- Condimente creole, pentru Stropire
- Sare si piper alb

INSTRUCȚIUNI:
a) Preîncălziți cuptorul la 375 de grade F. Într-un gratin uns cu unt sau într-o tavă grea de copt, puneți un strat de sfeclă, ceapă și jumătate din pesmet, untând fiecare cu unt și asezonați fiecare strat cu ulei de măsline, brânză parmezan, condimente creole și sare și piper, la gust.
b) Terminați cu un strat de pesmet deasupra. Se coace, acoperit, timp de 45 de minute. Descoperiți și continuați să coaceți încă 15 minute, sau până când blatul este rumenit și clocotișează. Serviți direct din farfurie.

88. Sufleu verde de sfeclă

INGREDIENTE:

- 3 linguri de parmezan; răzuit
- 2 medii Sfecla; fierte si decojite
- 2 linguri de unt
- 2 linguri Faina
- ¾ cană supă de pui; Fierbinte
- 1 cană verdeață de sfeclă; sotate
- ½ cană brânză Cheddar; răzuit
- 3 gălbenușuri de ou
- 4 albușuri

INSTRUCȚIUNI:

a) Unt o litri de 1 litru. farfurie pentru sufle; se presara cu parmezan. Tăiați sfecla fiartă felii și tapetați cu ele fundul vasului de sufle.

b) Într-o cratiță mică, se topește untul, se amestecă făina, se adaugă bulionul fierbinte și se fierbe în continuare până se îngroașă ușor, apoi se transferă într-un castron mai mare. Se toacă grosier verdeața de sfeclă și se adaugă la sos împreună cu brânză Cheddar.

c) Într-un castron separat, bate gălbenușurile de ou; amestecați-le cu amestecul de verde de sfeclă. Bate albusurile spuma pana formeaza varfuri. Pliați într-un castron cu alte ingrediente; amesteca bine. Transferați totul într-un vas de suffle uns cu unt. Se presara cu parmezan.

d) Coaceți la 350 F. timp de 30 de minute sau până când sufleul este umflat și auriu.

89.Mousse de sfeclă roșie de catifea

INGREDIENTE:

- 3 medii Sfecla; Gătite pe pielea lor
- 2½ cană supă de pui
- 2 pachete de gelatină nearomatizată
- 1 cană iaurt fără arome
- 2 linguri suc de lamaie sau lime
- 1 ceapa rasa mica
- 1 lingura de zahar
- 1 lingura Mustar
- Sare si piper; la gust

INSTRUCȚIUNI:

a) Curățați și sfecla fiartă în cuburi.
b) Puneți gelatina într-un bol cu 6 l de apă și amestecați. Lasam sa stea 2 minute si turnam supa fierbinte de pui amestecand.
c) Procesați împreună toate ingredientele, cu excepția gelatinei. Condimentarea corectă.
d) Adăugați gelatina răcită și procesați doar pentru a omogeniza.
e) Se toarnă într-o formă unsă cu ulei la setarea 6. Se desface și se servește în centrul farfuriei înconjurat de salată de pui curry sau salată de creveți

90. Pâine cu nuci de sfeclă

INGREDIENTE:
- ¾ cană scurtare
- 1 cană de zahăr
- 4 ouă
- 2 lingurite de vanilie
- 2 căni de sfeclă măruntită
- 3 căni de făină
- 2 lingurițe Praf de copt
- 1 lingurita de bicarbonat de sodiu
- ½ linguriță scortișoară
- ¼ linguriță nucșoară măcinată
- 1 cana nuci tocate

INSTRUCȚIUNI:
a) Bate scurtarea și zahărul până devine ușor și pufos. Amestecați ouăle și vanilia. Se amestecă sfecla.
b) Adăugați ingrediente uscate combinate; amesteca bine. Se amestecă nucile.
c) Se toarnă într-o tavă de 9x5" unsă și făinată.
d) Coaceți la 350'F. timp de 60-70 de minute sau pana cand scobitoarea de lemn introdusa in centru iese curata.
e) Se răcește timp de 10 minute; scoateți din tigaie.

91.Catifea rosie Ciocolată Zmeura Éclairs

INGREDIENTE:
CHOUX PATERT:
- 1 cană apă
- ½ cană de unt nesărat
- 1 cană de făină universală
- 1 lingura pudra de cacao
- ¼ lingurita sare
- 4 ouă mari

CREMA DE PATIS cu ciocolata CATIFEA ROSIE:
- 500 ml lapte
- 120 g zahăr
- 50 g făină simplă
- 60 g cacao pudră
- 120 g gălbenușuri (aproximativ 6 ouă)
- Colorant alimentar roșu

GANACHE DE CIOOLATA ZMEURA:
- 200 ml smântână groasă
- 200 g ciocolată neagră
- Extract sau piure de zmeură

INSTRUCȚIUNI:
CHOUX PATERT:
a) Preîncălziți cuptorul la 200°C (180°C ventilator) și tapetați o tavă de copt cu hârtie de copt.
b) Într-o cratiță, combinați apa, untul, pudra de cacao și sarea. Se aduce la fierbere la foc mediu.
c) Adăugați făina dintr-o dată, amestecând energic până se formează un aluat omogen. Continuați să gătiți, amestecând, pentru încă 1-2 minute.
d) Transferați aluatul într-un bol de mixare și lăsați-l să se răcească puțin.
e) Adaugam ouale pe rand batand bine dupa fiecare adaugare, pana cand aluatul devine omogen si lucios.
f) Transferați aluatul choux într-o pungă și puneți-l în forme de éclair pe tava pregătită.
g) Coaceți până devine auriu și umflat. Se lasa sa se raceasca.

CREMA DE PATIS cu ciocolata CATIFEA ROSIE:
h) Se încălzește laptele într-o cratiță până când se încălzește, dar nu fierbe.
i) Într-un castron, amestecați zahărul, făina și pudra de cacao.
j) Adăugați treptat ingredientele uscate în laptele cald, amestecând continuu pentru a evita cocoloașele.
k) Într-un castron separat, bate gălbenușurile. Adăugați treptat un polonic din amestecul de lapte fierbinte la gălbenușurile de ou, amestecând continuu.
l) Turnați amestecul de gălbenușuri înapoi în cratiță și continuați să gătiți până când crema de patiserie se îngroașă.
m) Se ia de pe foc, se adauga colorant alimentar rosu pana se obtine culoarea dorita si se lasa sa se raceasca.

GANACHE DE CIOOLATA ZMEURA:
n) Încinge smântâna groasă într-o cratiță până când începe să fiarbă.
o) Se toarnă smântâna fierbinte peste ciocolata neagră. Lăsați să stea un minut, apoi amestecați până se omogenizează.
p) Adăugați extract de zmeură sau piure în ganache-ul de ciocolată pentru a infuza aroma de zmeură.

ASAMBLARE:
q) Tăiați éclairurile răcite în jumătate pe orizontală.
r) Umpleți o pungă cu crema de patiserie cu ciocolată catifea roșie și puneți-o pe jumătatea inferioară a fiecărui éclair.
s) Înmuiați partea de sus a fiecărui éclair în ganache de ciocolată cu zmeură, lăsând să se scurgă excesul.
t) Puneți éclairurile înmuiate în ciocolată pe un gratar pentru a lăsa ganache-ul să se fixeze.
u) Opțional, stropiți ganache suplimentar deasupra pentru un plus de decadență.

92. Macarons cu zmeură și trandafir Lychee

INGREDIENTE:
PENTRU COCHILE DE MACARON:
- 1 albus de ou la temperatura camerei (39-40g)
- 50 g zahăr pudră
- 30 g migdale macinate
- 30 g zahăr tos
- ¼ de linguriță colorant alimentar roz sau roșu

PENTRU Umplutura cu Zmeură și Trandafiri:
- 80 g ciocolata alba
- 4 conserve de litchi
- ¼ lingurita de apa de trandafiri
- ½ linguriță de sirop de litchi din cutie
- 6-8 zmeura congelata/proaspata (taiata in jumatati)

INSTRUCȚIUNI:
PENTRU COCHILE DE MACARON:
a) Pune migdalele măcinate, colorantul alimentar și zahărul pudră într-un robot de bucătărie sau într-un blender mic. Amesteca-le fin.
b) Cerneți amestecul amestecat și lăsați-l deoparte.
c) Cu un batator electric batem albusul, incepand de la viteza mica si crescand treptat pana la viteza maxima. Bateți până devine spumos (veți vedea o mulțime de bule fine).
d) Acum este timpul să adăugați zahărul tos. Adăugați jumătate din zahăr, continuați să bateți la viteză maximă aproximativ 2 minute, apoi adăugați cealaltă jumătate și continuați până obțineți vârfuri foarte tari.
e) Se amestecă ingredientele uscate în albușurile. Acest proces se numește Macaronaj. Începeți să pliați cu o spatulă de cauciuc. Continuați să amestecați până obțineți un aluat neted cu flux de lavă.
f) Când obțineți un amestec neted și strălucitor, opriți plierea. Ridicați amestecul cu spatula, iar dacă amestecul cade înapoi încet în bol, înseamnă că sunteți gata. De asemenea, puteți verifica dacă liniile formate din amestecul ridicat dispar încet în 30 de secunde. În acest stadiu, ești gata să pleci. Nu pliați prea mult, deoarece va deveni prea lichid și foarte greu de transportat.
g) Puneți macarons-urile pe o foaie de copt peste o tavă de copt. Loviți fundul tăvii de copt cu mâna pentru a aplatiza ușor macarons-urile.
h) Lăsați macaroanele să stea aproximativ 30 de minute. Acest lucru va depinde de umiditatea din casă și de zi. Încercați să atingeți ușor macaronul; după 30 de minute, nu ar trebui să se lipească de mână.
i) Încinge cuptorul la 150°C, cu încălzire doar deasupra. Când cuptorul este gata, puneți macaroanele pe raftul de jos. Coaceți timp de 12 minute, verificându-le la marcajul de 6 minute. Picioarele ar trebui să înceapă deja să se formeze. Rotiți tava de copt în direcția opusă pentru a permite o coacere uniformă. Când

s-au scurs cele 6 minute, schimbați setarea de încălzire a cuptorului numai la partea de jos.

j) Coaceți încă 6 minute. Puteți testa dacă macaronul este gătit atingând ușor coaja, iar când macaronul nu alunecă pe picioare, este fiert. Dacă nu este, adăugați încă 1 minut de fiecare dată și verificați.

k) Lăsați macarons-urile să se răcească înainte de a le scoate. Puteți uda zona de lucru și glisați foaia de copt pe ea pentru a accelera procesul de răcire, dar nu o lăsați acolo prea mult timp, altfel macarons-urile se vor uda. În caz contrar, le puteți lăsa să se răcească la temperatura camerei și le puteți îndepărta.

PENTRU Umplutura cu Zmeură și Trandafiri:

l) Tăiați 4 conserve de litchi în bucăți mici și stoarceți sucul maxim printr-o sită. Pus deoparte. (Prea mult lichid va avea ca rezultat un fel de ganache lichid și poate înmuia și umezi cojile de macaron).

m) Într-o oală mică, la foc mic, puneți litchiul tocat și gătiți timp de 1-2 minute.

n) Adăugați apă de trandafiri și sirop de litchi. Lasă-l să se încălzească ușor.

o) Se ia de pe foc. La sfârșit, adăugați ciocolata albă și amestecați până când toată ciocolata este topită și bine amestecată.

p) Umpleți cojile de macaron cu ganache, acoperiți cu jumătate de zmeură, apoi închideți cu o altă coajă de macaron.

q) După ce ați terminat de turnat toate macarons-urile, puneți-le într-un recipient ermetic. Lăsați-le la frigider peste noapte. Puteți păstra macarons-urile până la 48 de ore la frigider. Dacă nu sunt consumate, congelați-le. După 48 de ore, își pot pierde textura.

r) Scoate-le din frigider cu 20 de minute înainte de a le mânca. Bucurați-vă!

93.Tort Brunch cu Rubarbă

INGREDIENTE:
- ¾ cană zahăr
- 3 linguri amidon de porumb
- ¼ lingurita de scortisoara macinata
- ⅛ linguriță de nucșoară măcinată
- ⅓ cană apă rece
- 2½ căni de rubarbă proaspătă sau congelată feliată
- 3 până la 4 picături de colorant alimentar roșu, opțional

ALUAT:
- 2¼ căni de făină universală
- ¾ cană zahăr
- ¾ cană unt rece, tăiat cubulețe
- ½ linguriță de praf de copt
- ½ lingurita de bicarbonat de sodiu
- ½ lingurita sare
- 1 ou mare, bătut ușor
- ¾ cană (6 uncii) de iaurt de vanilie
- 1 lingurita extract de vanilie

TOPING:
- 1 ou mare, bătut ușor
- 8 uncii de brânză Mascarpone
- ¼ cană zahăr
- ½ cană nuci pecan tocate
- ¼ cană nucă de cocos mărunțită îndulcită

INSTRUCȚIUNI:

a) Amesteca apa, amidonul de porumb, scortisoara, nucsoara si zaharul intr-o cratita mare pana se omogenizeaza. Adăugați rubarba în amestec. Se încălzește până la fierbere; gatiti si amestecati pana se ingroasa, aproximativ 2 minute. Adăugați colorant alimentar dacă doriți. Pune deoparte.

b) Se amestecă făina și zahărul într-un castron mare; Tăiați untul în amestec până când capătă o textură de firimituri grosiere. Păstrați 1 cană pentru a face topping. Adăugați sarea, bicarbonatul de sodiu și praful de copt la restul amestecului de pesmet. Amestecă oul, iaurtul și vanilia într-un castron mic; amestecați-le în aluat până se omogenizează. Răspândit într-un 9-in. tava arcuită care este unsă.

c) Se amestecă zahărul, brânza Mascarpone și oul; puneți amestecul peste aluat. Adăugați amestecul de rubarbă deasupra. Adăugați nucile pecan și nuca de cocos în amestecul de pesmet salvat; se presara deasupra.

d) Coaceți până s-a făcut testat cu o scobitoare, la 350 °, timp de aproximativ 60-65 de minute. Se lasa sa se raceasca pe un gratar timp de 20 de minute; scoate laturile tigaii. Lasă-l să se răcească bine.

94. Trufe Prajitura cu branza cu Zmeură

INGREDIENTE:

- 2 linguri smântână grea
- 8 uncii de brânză cremă, înmuiată
- ½ cană de Swerve cu pulbere
- Un praf de sare de mare
- 1 lingurita Stevia de vanilie
- 1 ½ linguriță extract de zmeură
- 2-3 picături de colorant alimentar roșu natural
- ¼ cană ulei de cocos, topit
- 1 ½ cană Chips de ciocolată, fără zahăr

INSTRUCȚIUNI:

a) Pentru a începe, utilizați un mixer pentru a combina bine virajul și crema de brânză până devine cremoasă.

b) Combinați smântâna, extractul de zmeură, stevia, sarea și colorantul alimentar într-un castron mare.

c) Aveți încredere că totul este bine combinat.

d) Adăugați uleiul de cocos și amestecați la maxim până când totul se combină bine.

e) Nu uitați să răzuiți părțile laterale ale vasului de câte ori aveți nevoie pentru a termina. Lăsați-l să stea la frigider timp de o oră. Turnați aluatul într-o lingură de prăjituri cu diametrul de aproximativ ¼ inch și apoi pe o foaie de copt pregătită cu hârtie de copt.

f) Congelați acest amestec timp de o oră, apoi ungeți-l cu ciocolata topită pentru a termina! Ar trebui să fie pus la frigider încă o oră pentru a se întări înainte de servire.

95.Prajitura cu brânză cu dovleac

INGREDIENTE:
- 16 uncii de prăjituri de tip sandwich umplute cu cremă de portocale
- 4 linguri de unt, topit
- Trei pachete de 8 uncii de cremă de brânză înmuiată
- 1¼ cană de zahăr, împărțit
- 4 ouă
- 2 lingurițe extract de vanilie, împărțit
- Recipient de 16 uncii de smântână
- 5 picături de colorant alimentar roșu
- 10 picături de colorant alimentar galben

INSTRUCȚIUNI:

a) Preîncălziți cuptorul la 350 de grade F. Puneți 23 de fursecuri într-o pungă de plastic resigilabilă. Cu ajutorul unui sucitor, zdrobiți fursecurile apoi puneți firimiturile într-un castron mediu cu untul; amestecați bine, apoi răspândiți amestecul în fundul unei tigăi arcuite de 10 inci. Răciți până când este gata de umplere.

b) Intr-un castron mare, cu un batator electric la viteza medie, batem crema de branza si 1 cana de zahar pana devine cremos. Adaugam ouale pe rand batand bine dupa fiecare adaugare, apoi adaugam 1 lingurita de vanilie si amestecam bine.

c) Pune deoparte 2 fursecuri pentru garnitură, apoi sparge restul de 8 fursecuri. Se amestecă bucățile de biscuiți în amestecul de brânză cremă, apoi se toarnă în crustă.

d) Coaceți timp de 55 până la 60 de minute sau până când sunt tari. Scoateți din cuptor și lăsați să se răcească timp de 5 minute.

e) Între timp, într-un castron mediu, folosind o lingură, amestecați smântâna, zahărul rămas și vanilia și colorantul alimentar până se combină bine. Întindeți cu atenție amestecul de smântână peste Prajitura cu branza apoi coaceți încă 5 minute.

f) Se lasa sa se raceasca apoi se da la rece peste noapte sau cel putin 8 ore. Decorați fața de dovleac cu 2 fursecuri rezervate.

g) Serviți imediat sau acoperiți până când este gata de servire.

96.Brioses cu bomboane glazurate în oglindă roșie

INGREDIENTE:
BRIOSES:
- 1 ¼ cană de făină universală
- ¾ cană zahăr tos superfin
- 1 ½ linguriță praf de copt
- ½ linguriță sare fină
- ¼ cană unt nesărat, înmuiat
- 1 ou mare
- ¾ cani de lapte integral
- ¼ cană ulei vegetal
- 1 lingura iaurt grecesc sau smantana
- ½ linguriță extract de vanilie sau pastă de boabe de vanilie
- 1 lingurita scortisoara
- Sos de caramel sarat pentru stropire
- Frunze de menta pentru decor

MEre înăcate:
- 5 mere verzi, curatate de coaja si taiate cubulete
- 2 linguri zahar brun
- 1 lingurita suc de lamaie

MUSSE DE CARAMEL:
- 250 g ciocolata alba, tocata marunt
- ⅓ cană smântână
- Vârf de cuțit de sare
- 3 lingurite de gelatina pudra fara aroma
- 2 linguri de apa
- 2 lingurite extract de vanilie
- 3 linguri dulce de leche

GLAZURĂ ROSIE DE OGLINĂ:
- 200 de grame de lapte condensat îndulcit
- 300 de grame de zahăr granulat
- 150 grame apa
- 350 de grame de chipsuri de ciocolată albă
- 19 grame gelatină + ½ cană apă pentru a înflori
- 4-6 picături de gel alimentar roșu

INSTRUCȚIUNI:
MUSSE DE CARAMEL:
a) Într-un castron sigur pentru cuptorul cu microunde, combinați ciocolata albă, ⅓ cană de smântână și sarea. Puneți la microunde în trepte de 30 de secunde, amestecând la fiecare 30 de secunde, până când ciocolata se topește și amestecul este omogen.
b) Turnați amestecul într-un bol mare și lăsați-l să se răcească la temperatura camerei, amestecând din când în când.
c) Între timp, pregătiți gelatina amestecând gelatina și apa rece într-un castron mic. Lăsați să absoarbă apa și apoi puneți la microunde timp de 15 secunde pentru a se topi. Bateți gelatina topită în amestecul de ciocolată.
d) Bateți restul de 1 cană de smântână groasă până la vârfuri moi. Adăugați dulce de leche (sau sos de caramel sărat) și bateți până se formează vârfuri tari. Îndoiți ușor jumătate din frișcă în amestecul de ciocolată, apoi adăugați frișca rămasă.
e) Turnați mousse-ul în forme de silicon și lăsați-le să se întărească peste noapte la frigider. Odată întărite, scoateți-le ușor din forme.

GLAZURĂ ROSIE DE OGLINĂ:
f) Se amestecă gelatina cu ½ cană de apă și se lasă deoparte timp de 5 minute.
g) Încălziți laptele, zahărul și apa într-o cratiță la foc mediu și aduceți la fiert.
h) Adăugați gelatina înflorită și amestecați până se dizolvă.
i) Puneți chipsurile de ciocolată albă într-un castron mare rezistent la căldură. Se toarnă amestecul fierbinte peste ciocolată și se lasă să stea 5 minute. Odată ce ciocolata s-a înmuiat, adăugați gel alimentar roșu și folosiți un blender de imersie sau un tel de mână pentru a netezi amestecul. Se toarnă amestecul printr-o sită pentru a îndepărta eventualele cocoloașe.
j) Lăsați glazura să se răcească la 33°C înainte de a o turna peste mousse-ul întărit. Dacă este prea subțire când este turnat, lăsați-l să se întărească 20 de minute și apoi turnați un al doilea strat. Odată ce toată mousse-ul este acoperit, dați brioses-urile la frigider cu glazura de oglindă.

BRIOSES:

k) Preîncălziți cuptorul la 160°C (320°F) sau 180°C (356°F) pentru un cuptor convențional. Tapetați o formă de briose cu folii de briose.
l) În vasul unui mixer cu suport prevăzut cu accesoriul cu paletă, combinați făina, praful de copt, zahărul tos și sarea. Se amestecă la mic timp de câteva minute. Adăugați untul înmuiat și amestecați până seamănă cu o textură ca nisipul fin.
m) Într-o cană mare, amestecați laptele, oul, iaurtul (sau smântâna), uleiul și extractul de vanilie.
n) Adăugați ingredientele umede la ingredientele uscate într-un flux lent și constant până când nu sunt vizibile ingrediente uscate. Răzuiți bolul, adăugați merele înăbușite și amestecați încă 20 de secunde.
o) Umpleți fiecare căptușeală de briose la ¾ din drum și stropiți cu sos de caramel sărat.
p) Coaceți 30-35 de minute sau până când o scobitoare introdusă iese curată. Lăsați brioses să se răcească complet pe un grătar de răcire.

FINALIZARE CUPCAKAK-urilor:
q) Așezați cu grijă mousse-ul fixat deasupra fiecărui briose.
r) Decorați fiecare briose cu un pai de hârtie și o frunză de mentă chiar înainte de servire.

97.Plăcinte Whoopie Catifea rosie

INGREDIENTE:
- 2 căni de făină universală
- 2 linguri pudra de cacao neindulcita
- 1 lingurita praf de copt
- 1/2 lingurita de bicarbonat de sodiu
- 1/2 lingurita sare
- 1/2 cană unt nesărat, înmuiat
- 1 cană zahăr granulat
- 2 ouă mari
- 1 lingurita extract de vanilie
- 1/2 cană zară
- 1 lingura colorant alimentar rosu
- Glazură cu cremă de brânză (cumpărată din magazin sau de casă)

INSTRUCȚIUNI:
a) Preîncălziți cuptorul la 350°F (175°C). Tapetați foile de copt cu hârtie de copt.
b) Într-un castron mediu, amestecați făina, pudra de cacao, praful de copt, bicarbonatul de sodiu și sarea. Pus deoparte.
c) Într-un castron mare, cremă împreună untul și zahărul până devine ușor și pufos. Se adauga ouale, pe rand, batand bine dupa fiecare adaugare. Se amestecă extractul de vanilie.
d) Adăugați treptat ingredientele uscate la ingredientele umede, alternând cu zara, amestecând până se omogenizează bine. Se amestecă cu colorant alimentar roșu.
e) Puneți linguri de aluat pe foile de copt pregătite, distanțându-le la aproximativ 2 inci.
f) Coaceți timp de 10-12 minute, sau până când prăjiturile sunt întărite. Scoatem din cuptor si lasam sa se raceasca complet.
g) Odată ce s-a răcit, întindeți glazura cu cremă de brânză pe partea plată a unui prăjitură și sandwich cu un alt fursec. Repetați cu prăjiturile rămase și cu glazura.
h) Serviți și bucurați-vă!

98. Budincă de pâine de catifea roșie cu sos Bourbon

INGREDIENTE:
- 6 căni de pâine de o zi cuburi (pâinea franceză funcționează bine)
- 2 cani de lapte
- 4 ouă mari
- 1 cană zahăr granulat
- 1/4 cană pudră de cacao neîndulcită
- 1 lingurita extract de vanilie
- 1 lingura colorant alimentar rosu
- 1/2 cană chipsuri de ciocolată
- Sos Bourbon:
- 1/2 cana unt nesarat
- 1 cană zahăr granulat
- 1/4 cană bourbon
- 1/4 cană smântână groasă

INSTRUCȚIUNI:
a) Preîncălziți cuptorul la 350°F (175°C). Ungeți o tavă de copt de 9 x 13 inci.
b) Așezați pâinea tăiată cubulețe în vasul de copt pregătit.
c) Într-un castron, amestecați laptele, ouăle, zahărul, pudra de cacao, extractul de vanilie și colorantul alimentar roșu până se combină bine.
d) Turnați amestecul peste cuburile de pâine, apăsând ușor pentru a vă asigura că toată pâinea este înmuiată. Presaram chipsuri de ciocolata deasupra.
e) Coaceți timp de 35-40 de minute, sau până când budinca este întărită și blatul este maro auriu.
f) În timp ce budinca se coace, faceți sosul bourbon: Într-o cratiță, topiți untul la foc mediu. Se amestecă zahăr, bourbon și smântână groasă. Se aduce la fierbere, apoi se reduce focul și se fierbe timp de 5 minute, amestecând continuu. Se ia de pe foc si se lasa putin sa se raceasca.
g) Servește budinca de pâine caldă, stropită cu sos bourbon.

99.Lamingtons cu zmeură

INGREDIENTE:
PENTRU PÂNȚIȘTELUL CALDE DE LAPTE:
- 5 oua
- 1 cană lapte integral
- 6 linguri de unt
- 2 cani de zahar (400 grame)
- 2 cani de faina de prajitura (220 grame)
- 2 lingurite praf de copt
- ½ lingurita sare
- 1 lingura extract de vanilie

PENTRU GLAZA DE ZMEURE:
- 2 lingurițe de gelatină pudră
- 1 cană (200 g) zahăr
- 1 cană apă
- 10 uncii de zmeură congelată, dezghețată
- 2 cesti (250 g) zahar de cdeetarie
- ¼ linguriță colorant alimentar roșu (opțional)
- 2 cesti nuca de cocos deshidratata

INSTRUCȚIUNI:
PENTRU PÂNȚIȘTELUL CALDE DE LAPTE:
a) Pune ouăle într-un vas cu apă caldă pentru a le încălzi. Preîncălziți cuptorul la 350°F.
b) Ungeți și făinați două forme pătrate de tort de 8 inci și tapetați fundul cu hârtie de copt.
c) Într-o cratiță, încălziți laptele și untul la foc mic până se topește untul.
d) Într-un castron mare, bateți ouăle și zahărul la viteză mare timp de 8 până la 15 minute până când își triplează volumul și își are culoarea galben pal.
e) Cerneți făina, praful de copt și sarea peste amestecul de ouă și amestecați până se omogenizează.
f) Adăugați vanilia în amestecul de lapte cald, apoi turnați în aluat și amestecați până se incorporează.

g) Împărțiți aluatul în formele de tort și coaceți timp de 30-34 de minute până când o scobitoare iese curată. Se lasa sa se raceasca in tigai pe un gratar.

PENTRU GLAMURĂ DE ZMEURE ȘI ACOPERIRE DE COCOS:

h) Se presară gelatină peste ¼ de cană de apă și se lasă să se înmoaie timp de 5 minute.
i) Intr-o cratita se incinge apa si zaharul pana se dizolva, apoi se adauga zmeura si se fierbe 5-8 minute. Strecurați amestecul, apăsând pentru a îndepărta lichidul.
j) Pune gelatina înmuiată la microunde pana devine siropoasă, apoi amestecă cu amestecul de zmeură. Cerneți zahărul de cdeetă într-un castron, turnați peste siropul de zmeură și amestecați până la omogenizare. Adăugați colorant alimentar dacă doriți, apoi dați la frigider pentru 15-20 de minute până se îngroașă ușor.

A ASAMBLA:

k) Așezați un grătar de sârmă de răcire peste o tavă de copt tapetată cu pergament. Tăiați marginile de pe pandișpan și tăiați-l în pătrate de 2 inci. Congelați pătratele tăiate timp de 30 de minute.
l) Configurați un sistem de dragare cu 2 boluri cu amestec de zmeură într-un vas și nucă de cocos în celălalt.
m) Scoateți pătratele de prăjitură din congelator, puneți glazura de zmeură peste fiecare pătrat, apoi acoperiți cu nucă de cocos. Așezați pe grătar.
n) După ce toate pătratele sunt acoperite, dați la frigider 20-30 de minute pentru a se întări.

100. Macarons espresso cu scoarță de mentă

INGREDIENTE:
PENTRU COCHILE:
- 112 g făină de migdale (aproximativ 1 cană)
- 230 g zahăr de cdeetă (aproximativ 2 căni)
- 105 g albusuri (aproximativ 3 oua mari)
- Vârf de cuțit de sare
- 1/4 lingurita crema de tartru
- 50 g zahăr granulat (aproximativ 1/4 cană)
- 1/8 lingurita extract de vanilie
- 1/8 linguriță extract de mentă
- Gel alimentar roșu

PENTRU CREMA DE patiserie:
- 1 cană smântână groasă
- 3 linguri pudra de cacao
- 1 lingurita pudra espresso
- 2 linguri de faina
- 1/2 lingurita amidon de porumb
- 1/8 lingurita sare
- 1/4 cană zahăr
- 1/2 lingurita extract de vanilie
- 1/8 linguriță extract de mentă
- 2 galbenusuri de ou

INSTRUCȚIUNI:
PENTRU COCHILE:
a) Într-un robot de bucătărie, combinați făina de migdale și zahărul de cdeetă. Pulsați până când se combină bine și nu rămân bulgări. Pus deoparte.
b) Într-un castron mare, bate albușurile spumă cu sare și smântână de tartru la viteză mare pana devine spumoasă.
c) Adăugați treptat zahărul granulat în timp ce bateți în continuare la viteză mare până când albușurile formează vârfuri moi (când ridicați bătăile, vârfurile de albuș se pliază pe ele însele).
d) Adăugați vanilie și extract de mentă și bateți până se formează vârfuri tari (vârfurile albușului nu se pliază).
e) Cerneți făina de migdale și amestecul de zahăr de cdeetă pe bezea. Aruncați oorez bulgări care nu se cernează corect.
f) Îndoiți ușor amestecul de făină în bezea folosind o spatulă. Apăsați o parte din aer în timp ce vă pliați. Continuați până când se combină complet și amestecul seamănă cu lava, curgând încet într-un flux uniform.
g) Pregătiți o pungă cu un vârf rotund 1a. Aruncați colorantul alimentar roșu pe 4 părți ale sacului pentru un aspect învolburat. Transferați aluatul în pungă.
h) Puneți discuri rotunde de 1 inch pe o tavă de copt din silicon sau tapetă cu hârtie de copt. Loviți tava de blat de câteva ori pentru a elimina bulele de aer. Folosește o scobitoare pentru a sparge bulele de aer mai mari.
i) Lăsați cojile să se usuce timp de 45 de minute până la 1 oră până când nu mai sunt lipicioase la atingere. Ar trebui să formeze o piele frumoasă și să se usuce complet înainte de coacere.
j) Preîncălziți cuptorul la 300°F (150°C).
k) Coaceți câte o tavă la 300°F (150°C) timp de 15-17 minute. Lăsați-le să se răcească complet înainte de a le scoate din covorașul de copt sau din hârtie de copt.

PENTRU CREMA DE patiserie:
l) Se încălzește smântâna la foc mediu-mic într-o cratiță până se încălzește.

m) Într-un castron separat, amestecați pudra de cacao, pudra de espresso, făina, amidonul de porumb, sarea și zahărul.
n) Adăugați gălbenușurile de ou la amestecul uscat și amestecați până se omogenizează.
o) Adăugați încet smântâna caldă la ingredientele uscate și amestecați până la omogenizare.
p) Transferați amestecul înapoi în cratiță la foc mediu și bateți continuu până când se îngroașă până la o consistență asemănătoare budincii. Se ia de pe foc.
q) Amestecați extractul de vanilie și mentă, apoi turnați amestecul printr-o sită fină într-un bol.
r) Acoperiți crema de patiserie cu folie de plastic, asigurându-vă că folia de plastic atinge partea superioară a cremei pentru a preveni formarea unei pielii. Pune la frigider cel putin 2 ore inainte de utilizare.
s) ASAMBLARE:
t) Odată ce cojile de macaron și crema de patiserie sunt gata, puneți crema de patiserie cu lingura sau pipăiți pe fundul jumătății de coji.
u) Sandvișează cojile umplute cu cojile rămase pentru a crea sandvișuri cu macaron.
v) Păstrați macarons-urile la frigider cel puțin 24 de ore înainte de a le mânca pentru a permite aromelor să se dezvolte pe deplin.

CONCLUZIE

Pe măsură ce ajungem la sfârșitul „Final Catifea rosie Coace", sperăm că ați fost inspirat să vă răsfățați în lumea luxoasă a catifeiului roșu și să explorați posibilitățile nesfârșite pe care le deeră. Catifea roșie este mai mult decât o aromă; este un simbol al decadenței, al eleganței și al sărbătorii. Pe măsură ce vă continuați aventurile la copt, fie ca fiecare creație de catifea roșie pe care o coaceți să vă aducă bucurie bucătăriei și încântare papilelor dumneavoastră gustative.

Pe măsură ce ultimele firimituri din cea mai recentă creație de catifea roșie sunt savurate și aroma deliciilor proaspăt coapte se estompează, știți că magia catifeiului roșu va persista mereu. Împărtășiți-vă dragostea pentru catifea roșie cu prietenii și familia, experimentați cu noi combinații de arome și lăsați-vă creativitatea să strălucească în timp ce vă creați propriile capodopere din catifea roșie.

Vă mulțumim că v-ați alăturat nouă în această călătorie îngăduitoare prin lumea catifea roșie. Fie ca bucătăria ta să fie plină de aroma bogată a cacaoi, masa ta cu alura de delicii de catifea roșie și inima ta de bucuria coacerii. Până ne întâlnim din nou, coacere fericită și pdetă bună!

www.ingramcontent.com/pod-product-compliance
Lightning Source LLC
Chambersburg PA
CBHW070656120526
44590CB00013BA/983